贝页
ENRICH YOUR LIFE

中国

CHINESE

脱口秀演义

STAND-UP COMEDY

------ 洛宾 著 ------

文汇出版社

图书在版编目（CIP）数据

中国脱口秀演义 / 洛宾著. -- 上海：文汇出版社，
2024. 11. -- ISBN 978-7-5496-4368-4

Ⅰ. H019

中国国家版本馆 CIP 数据核字第 20242RF055 号

中国脱口秀演义

作　　者／洛　宾
责任编辑／戴　铮
封面设计／喵次郎
版式设计／汤惟惟
出版发行／**文匯**出版社
　　　　　上海市威海路 755 号
　　　　　（邮政编码：200041）
经　　销／全国新华书店
印刷装订／上海中唱印刷有限公司
版　　次／2024 年 11 月第 1 版
印　　次／2024 年 11 月第 1 次印刷
开　　本／787 毫米×1092 毫米　1/32
字　　数／160 千字
印　　张／10
书　　号／ISBN 978-7-5496-4368-4
定　　价／59.00 元

目录

我叫冯立文，朋友们都习惯叫我的英文名 Robin，但在中国的社交媒体或者节目的字幕上，如果只用英文或中英文夹杂的名字都会遇到很多麻烦，所以后来我给自己起了一个不那么容易"撞名"的艺名——洛宾，并把自己在各个社交平台上的名字统一改成了"搞笑大叔洛宾"。

这本书讲的都是洛宾在中国脱口秀圈子里亲身经历的故事，时间历程从 2012 年涵盖至 2023 年下半年。

我从 2014 年开始，在豆瓣阅读上开了一个专栏，取名"中国脱口秀演义"，断断续续地记录着我在这个圈子里经历的事，一直到 2023 年年中才算勉强连载完毕。如果你看过那个专栏就会发现，本书的有些故事在那个专栏里出现过，但在书里，我写得会更客观、更生动、更全面。如果你喜欢那个专栏，相信本书你也会看得很愉快。

我在脱口秀行业里主要做过的事，按时间顺序可以用下面几句话概括完。本书的所有故事，都分布在这条时间线里：

2011年，通过豆瓣网认识深圳外卖脱口秀俱乐部，并成为其会员。

2012年，开始讲脱口秀，5个月后第一次登上商演的舞台。

2013年，与几位演员朋友一起在深圳创办逗伴脱口秀俱乐部。

2014年，与程璐和梁海源共同翻译《手把手教你玩脱口秀》（*Step by Step to Stand-up Comedy*）。

2015年，和逗伴脱口秀的伙伴一起签约笑果文化，成为笑果的第一批艺人兼编剧。

2016年，逗伴脱口秀的10位骨干成员全部迁往上海，7位在笑果，3位在恒顿。

2017年，从笑果辞职，在上海创办木更喜剧。

2019年，回到深圳，专注音频播客与编剧工作。

2020年，在深圳重新组织脱口秀演出和开放麦，直到现在。

2022年，出版图书《说的全是梗》。

　　在过去的十多年里，中国脱口秀行业发生了翻天覆地的变化：从 2009 年全国第一家俱乐部外卖脱口秀在深圳成立——那时候全国一个月也没有一场商演，到 2022 年全国有超过 200 家俱乐部，每月有超千场商演。光是笑果一家，每个月就能卖出 4 万张门票。像这种故事，全世界范围内也许只有在中国才能发生。

　　在从事脱口秀十年的过程中，我认识了很多好朋友，也收获了不少现在"未通过验证"的朋友。其中很多是和我有深度接触的人，我在本书的每一章都写了我与他们各自经历的故事，比如和我一起从逗伴脱口秀走出来的几位伙伴，又比如几位在中国脱口秀行业的发展历史中肯定无法绕开的业界名人。也有一些很好的朋友，虽然我和他们的故事无法用完整的一章来记录，但他们的身影也出现在很多相关的章节里。当然，还有一些人虽然是有过深度接触的，但和他们发生的都是些不愉快的故事，那就实在提不起兴趣动笔了。其实，我在这个行业里结交更多的是互相敬重、彼此之间故事略显平淡的朋友，很遗憾无法一一收录到本书中。至于大家感兴趣的《脱口秀大会》和单立人喜剧的故事，前者是因为节目筹备的时候我已经从笑果文化离职，无缘参与；后者是因为我一直没有在北京工作和生活，跟单立人的交集很少，所以在书里只能寥寥数笔带过了。希望有朝一日，我们之间也能发生一些彼此碰撞的新故事，再将它们写到我的下一本书里。

　　如果你想大致了解脱口秀在中国的发展，想了解一些现在耳熟能详的脱口秀明星在成名前的经历，那就开始阅读本书吧。祝大家阅读愉快！

脱口秀演员

早在 20 世纪七八十年代，香港的金牌司仪和名嘴主持人就已经办过类似 Stand-up Comedy 的演出，他们大多以调侃的形式讽刺时弊，反映社会百态，如黄霑、卢大伟、许冠文、黄韵诗、沈殿霞、何守信、郑裕玲、狄波拉、狄娜、叶德娴、曾志伟等。第一位以个人专场形式表演这门艺术的是黄子华。1990 年，黄子华在香港文化中心举办了他的第一场栋笃笑专场《娱乐圈血肉史》，时长超过 90 分钟。黄子华开创性地把 Stand-up Comedy 翻译成了"栋笃笑"，这一翻译在粤语里可谓做到了真正的"信、达、雅"。①

① 编者注："栋笃"在粤语中意为"站立"，"笑"则指"喜剧"或"笑话"。

"脱口秀"的译名由台湾喜剧演员廖峻于20世纪70年代提出。其实,真正适合Stand-up Comedy的翻译应该是"单口喜剧"。但几十年来,"脱口秀"的说法已经深入民心,后来内地也沿用了这个说法,大家也就把Stand-up Comedy的中文名默认作"脱口秀"了。

那时候的黄子华在粤语地区非常受欢迎,但在普通话地区却几乎无人知晓。内地真正开始做脱口秀表演的第一人是周立波,他在2006年开始尝试所谓"海派清口"。周立波曾经承认,自己是受到了黄子华的启发才开始脱口秀表演的,但他非常"机智"地给这门艺术取了一个他自己专享的名字:海派清口。

周立波取得的巨大成功并没有给内地带来脱口秀的大发展,带来转机的人是黄西。这位操着浓重东北口音的生化博士于1994年移民美国,2000年开始接触美国的脱口秀文化,2009年受邀登上《大卫·莱特曼晚间秀》(*Late Show with David Letterman*),2010年被邀至白宫,为当时的美国副总统拜登和在场的2 000名记者表演了15分钟的英文脱口秀,从美国红回了中国。黄西2013年回到内地发展,自2015年起每年在国内进行个人专场巡演。

喜剧俱乐部

2007年5月,张硕修创办了卡米地喜剧,成为台湾首家脱口秀俱乐部。

同年,香港诞生了第一家脱口秀俱乐部 TakeOut Comedy,创办人为美籍华人 Jami Gong。

2009年,Jami Gong 帮助深圳的爱好者邹澍和王殿龙(阿毛)成立了中国内地第一个脱口秀俱乐部——外卖脱口秀①。

2011年,上海笑道文化成立;2013年,北京脱口秀俱乐部成立。这些俱乐部一般在酒吧内举办脱口秀开放麦练习活动,早期演出也仅限在酒吧或微型剧场内进行。

2013年8月,程璐、洛宾和梁海源从外卖脱口秀独立出来,在深圳创办了逗伴脱口秀俱乐部。从2014年开始,他们开始将脱口秀带入了超过200人的剧场,并定期演出。上海和北京的俱乐部也开始在大型剧场内举办越来越多的演出,有些场次的入场观众人数甚至超过千人。

同年,广州脱口秀俱乐部成立。此后,厦门、郑州、西安、南宁等地也相继成立了自己的脱口秀俱乐部。然而,这些所

---

① 编者注:深圳的外卖脱口秀得到了纽约TakeOut Comedy在中国内地的唯一品牌授权。纽约的TakeOut Comedy与香港的TakeOut Comedy都由Jami Gong创立。

谓"第二梯队"俱乐部的活动和演出规模较小，演出周期不规律。

2014年，笑果文化成立。从2015年下半年开始，公司陆续签下李诞、王建国、梁海源、史炎等十几位演员，进行脱口秀线下"内测"演出。

2017年，单立人喜剧、喜剧联盒国、木更喜剧、硬核喜剧成立。

2019年开始，全国各地涌现了大量新的喜剧俱乐部。到2022年，全国范围内已经有超过200家喜剧俱乐部，国内登上脱口秀舞台参加商演的演员数量超过千人。

脱口秀节目

2012年5月，中国内地的第一个单口喜剧电视节目《今晚80后脱口秀》在东方卫视播出，王自健担任主持人，李诞、王建国、赖宝担任编剧和出镜嘉宾。几年后，梁海源、程璐、王思文、史炎、赵兴、庞博等人也相继加入，成为节目的常驻嘉宾。

2016年6月，"旧版"《吐槽大会》上线，随后消失。

2017年1月，"新版"《吐槽大会》的第一季正式上线，到2021年播完第五季后停播。

2017 年 8 月，《脱口秀大会第一季》正式上线，到 2022 年已播出五季，有望继续演播。

2018 年 8 月，《博恩夜夜秀》开播，节目以美式脱口秀的形式呈现，是台湾地区第一个开放网络募资的脱口秀节目。

脱口秀图书

2011 年，黄西的自传《黄瓜的黄，西瓜的西》出版，极大地推动了内地脱口秀的发展，很多人读完他的自传，满怀信心地开始了自己的脱口秀生涯。

2015 年，由程璐、冯立文和梁海源翻译的《手把手教你玩脱口秀》的繁体中文版（港版）出版（简体中文版于 2018 年出版）。该书为当时亟须寻求指导的喜剧爱好者提供了非常扎实的理论基础，很多人因此走上了喜剧的道路，成为喜剧演员、喜剧编剧或喜剧培训师。

2017 年，单立人喜剧石老板编著的《单口喜剧表演手册 V1.0》、刘旸教主 2018 年编写的《人人都能学会单口喜剧》，以免费在线 PDF 的形式在喜剧爱好者和演员中广泛传播。

2018 年，在演员中有超凡口碑的 *The Comedy Bible* 一

书由宋启瑜组织翻译，并以《喜剧的艺术》为译名出版。该书的中文版权在 2021 年又被笑果文化买下，并组织译者重新翻译和出版。

2021 年，《李诞脱口秀工作手册》出版，以"写给笑果文化新员工的工作手册"的形式，讲述了喜剧编剧在综艺节目里的工作方法，以及李诞对脱口秀舞台表演的个人见解。

2022 年，脱口秀演员王梓晗的《单口喜剧进阶指南》出版，在脱口秀演员中引起了热烈的讨论。

2022 年，由澎湃新闻社的徐萧、杨宝宝、徐明徽等几位记者编写的，号称"笑果官方授权传记"的《笑在生长：让脱口秀成为行业》出版，详细记录了《脱口秀大会》的诞生和发展过程。

2022 年，洛宾的《说的全是梗》出版，该书面向零基础的喜剧爱好者，全面介绍了从第一次登上开放麦舞台，到打磨段子，成为职业脱口秀演员，以及商业化运作脱口秀俱乐部的方法，堪称"脱口秀的行业指南"。

脱口秀行业的发展
2015 年

虽然中国内地的第一家脱口秀俱乐部在 2009 年就成

立了，随后几年在一线城市也诞生了好几家俱乐部，但在
2015年之前，内地几乎没有真正的职业脱口秀演员，因为
靠演出而获得的收入小得可以忽略不计，他们需要靠自己日
间全职的工作，或者另外的自由职业（如写手）来养活自己。
那时，国内的脱口秀观众还很少，每月才有一两场正式演
出，门票价格也不高（50~90元）。《今晚80后脱口秀》
首开向国内的喜剧爱好者和网络段子手征集段子的先河，随
着网络综艺、电视喜剧选秀节目和网络电台等的兴起，《屌
丝男士》、考拉FM等也开始向段子手大量征稿，一部分脱
口秀演员因此得以转型为职业写手，算是正式获得了与脱口
秀相关的工作。

　　真正的转机出现在2015年夏天。以《今晚80后脱口秀》
幕后班底为基础成立的笑果文化公司签下了长期为节目担
当主力写手的几名脱口秀演员，同时在上海、深圳、北京签
下了10多名脱口秀演员，成为内地脱口秀行业"第一个吃
螃蟹的人"。这批演员也成为国内第一批职业脱口秀演员，
从2016年开始，他们每周在上海和北京等地演出，极大地
加快了脱口秀在国内的发展。

2016 年

2016 年上半年，笑果文化一直在筹备《周六夜现场》（*Saturday Night Live*）节目的中文版。当时《周六夜现场》的版权属于搜狐，笑果是承制方，没想到忙活了半年，节目竟然没有启动起来。最后笑果跟东方卫视合作了一个赢得了相当高口碑的 Sketch[①] 秀《今夜百乐门》。一年后，《周六夜现场》中文版的版权从搜狐转到了优酷手上，优酷又拖了一年，到 2018 年上半年才真正启动制作，依然是由笑果文化承制，担任编剧的绝大部分都是脱口秀演员。

2016 年变动最大的俱乐部是逗伴脱口秀。2016 年年初，俱乐部的 7 位主力演员离开去了上海，到年中的时候又有 3 位去了上海。可以说，在深圳成长起来的第一代脱口秀演员几乎走光了（有媒体用"掏空了深圳脱口秀"来形容这一局面），幸好留在深圳的几位中生代演员（如皮球和单水等人）坚持做开放麦，并且不断有新人加入；由老麦和小 Xin 创立的玩儿丸喜剧也一直扎根本地——深圳的脱口秀环境才得到了保持。

---

① 编者注：即 Sketch Comedy，通常由一系列独立的喜剧小品组成，每个小品都围绕着一个特定的主题或情景，通过夸张的表演、幽默的对话和意想不到的情节转折来逗笑观众，如《周六夜现场》《一年一度喜剧大赛》系列的作品。

　　走出逗伴脱口秀的这十人，分布在了笑果文化、恒顿传媒和茄子脱口秀这三家上海公司，他们的首要身份是喜剧编剧，同时是公司签约的脱口秀演员。上海的脱口秀环境一下子热闹了起来。2016年年中，笑果用"噗哧脱口秀"的名义做了开放麦，并开始慢慢地在上海和北京的高校做校园行演出。随着李诞和王建国等演员在线上节目里越来越火，签约笑果的演员也越来越多，噗哧脱口秀在2016年成为国内最大的脱口秀俱乐部。

　　茄子脱口秀经营不善，他们的演员在2016年也悉数加入了恒顿传媒，用"茄子周末秀"的名义坚持做脱口秀演出。到2017年4月，恒顿启用了新的喜剧品牌"来点喜剧"，从那以后，茄子脱口秀结束了以自己的厂牌名进行的活动，同一批演员在来点喜剧的厂牌下开始做包括脱口秀、漫才和即兴喜剧在内的演出。类似的情况也发生在上海最早的脱口秀俱乐部笑道文化身上，笑道的最后一场开放麦定格在2016年1月，此后开始专攻短视频节目，从此再也没有做过脱口秀演出。笑道早期最著名的两位演员史炎和赵兴freeman，也先后投入了笑果文化的怀抱。

　　北京脱口秀俱乐部（简称"北脱"）在2016年没有太大的变化，在年初成立了公司，一直在低调地运营线下的演出，幽默小区、北京喜剧中心、中美喜剧中心等俱乐部也在定期地做着线下开放麦和演出。

2017 年

进入 2017 年，脱口秀行业突然加速成长，开放麦和各种演出多出很多，用"雨后春笋"来形容也不为过（我也没见过春笋是怎么在雨后冒出来的，可能就像 2017 年的开放麦那样冒出来的吧）。以前我们只是在各种文章里读到美国的脱口秀演员一天晚上能参加几场开放麦，一周可以练习 7 天。2017 年的春天一过，这种天天有开放麦的生活突然就变成了中国脱口秀演员的常态。

2017 年还没过一半，噗哧脱口秀在北上广深都做起了开放麦，石老板在北京成立了单立人喜剧，北脱融到了几百万资金，黄西的笑坊开始定期做开放麦，开心麻花也成立了脱口秀部门……人人都知道做开放麦是不赚钱的，但这种不赚钱赚吆喝的事在这段时间忽然变得比赚钱酷多了，大家都在抢着做——抢最便利的场地，抢最好的时间，抢最懂行的观众。据说，一个北京脱口秀演员的最高纪录，是一个晚上骑着共享单车穿梭于几个俱乐部之间，参加了 5 场开放麦和演出。

北京脱口秀演员 Joey 在 5 月初离开北京去长沙做了一档节目的编剧，每天看着朋友圈里北京一场场开放麦活动的消息，忍不住发问："怎么感觉我一离开北京，那儿的开放麦就如火如荼了？难道是我阻碍了北京脱口秀的发展吗？"

这里面发展最快的是单立人喜剧，石老板和周奇墨、刘旸教主、小鹿等演员一起创立了这家俱乐部，全力以赴地经营线下的开放麦和各种级别的演出。不到半年的时间，单立人喜剧已经成为京城最受观众欢迎的脱口秀演出品牌。在公司成立一年后，单立人迎来了优酷千万元级别的投资，成为最成功的专注于线下演出的脱口秀俱乐部。

2017 年，脱口秀领域最成功的还是笑果文化。他们迎来了多轮融资，据说估值已经达到 30 亿元人民币，但这主要还是得益于笑果在线上节目取得的巨大成功。他们在 2017 年一口气推出了《吐槽大会》《脱口秀大会》和《冒犯家族》三档节目，在新型喜剧综艺节目方面可谓一枝独秀。笑果在 2017 年成立了一家专门负责线下演出的公司笑友文化，由史炎担任 CEO，专门负责噗嗤脱口秀的运营，在北上广深都设立了分部来运营当地的脱口秀俱乐部，深入全国高校海选人才，王勉、赵晓卉、江梓浩、郭展豪、昌叔等在校生和毕业生都在这一年加入了笑果。

在上海工作一年半之后，洛宾于 2017 年 4 月离开了笑果文化，本意是回深圳做一名自由编剧，在独立参与了几个节目的编剧之后获得了一位投资人的青睐，最终还是顺应了中国脱口秀发展的大潮，成立了自己的文化公司，取名木更文化，在 2017 年 9 月再次回到了上海。木更喜剧在 2017 年年底在爱奇艺推出了一档跟脱口秀相关的短视频节目《说的全是梗》，从 2018 年开始，这档节目转换成同名音频播客。

2018 年

2018 年中国脱口秀界似乎没有发生什么惊天动地的大事，承接着 2017 年突然好起来的线下演出市场光景，这一年大家继续在线下演出的道路上快速奔跑着。

但其实有大事在悄悄发生着，脱口秀界在这一年也遭遇了所谓"寒冬"和"洗牌"。因为崔永元和范冰冰事件导致的娱乐圈地震，也波及了脱口秀圈子里一些奔着做线上节目而成立的公司，如 42 娱乐、北脱和木更，他们在这一年解散的解散，裁员的裁员，蛰伏的蛰伏，元气大伤，仅有龙头老大笑果文化凭着《吐槽大会》和《脱口秀大会》两个节目艰难地挺了过来。而踏踏实实地做线下演出或及时转型线下演出的几家公司，如单立人喜剧、喜剧联盒国和硬核喜剧，顺利地度过了这一年。

2019 年

2019 年是线下脱口秀演出狂飙的一年，不管是笑果文化还是单立人，或是各地方俱乐部，线下演出的数量都在飞速增长。笑果文化的《脱口秀大会第二季》取得了意料之外的巨大成功，迅速带动了全国线下演出的火爆，很多俱乐部的线下演出门票转眼售罄。单立人喜剧在 2019 年 11 月首次举办"原创喜剧大赛"，用"线下演出＋线上直播"的形式揭开了一个季度一次喜剧比赛的序幕。单立人 2019 年新开的播客《谐星聊天会》，引领了脱口秀俱乐部带观众录制播客的风潮，成为迄今为止在口碑和商业上都最成功的中文喜剧播客。

北京的独立脱口秀演员于是在 2019 年年底写了一篇个人总结，用一个会计师的思维总结了自己这一年的演出状况，《2019 年，我过得挺好 | 一个脱口秀演员的年终总结》，里面的数据堪称史料般的细致。

笑果文化在《脱口秀大会第二季》之后，雄心勃勃地制定了很多在全国甚至全球大剧场巡演的计划，例如，节目冠军的全国巡演计划，呼兰的脱口秀百城巡演计划，核心演员们的日本、美国巡演计划，以及参加 2020 年墨尔本喜剧节的演出计划。

然而，这一切都因为 2020 年年初新冠疫情的到来戛然而止。

2020 年至今

　　整个 2020 年上半年，喜剧公司和脱口秀演员们都在摸索线上喜剧的玩法，从抖音连线到 B 站直播，从线上开放麦到音频连线，从自己吆喝到团队作战，脱口秀演员们把除了线下演出以外的所有形式都摸索了一遍，却都没有做出一个可以被称为"作品"的线上内容。反观海外，印度喜剧演员维尔·达斯（Vir Das）通过剪辑自己与朋友的 Zoom 连线对话视频，在奈飞（Netflix）上发了一个正式的专场，大卫·查普尔（Dave Chappelle）和凯文·哈特（Kevin Hart）等"大佬"也在当年发布了与疫情相关的新专场。

　　当然，这一年中国脱口秀演员的线上节目也有值得纪念的两笔：Storm 徐风暴成为首位登上美国 Comedy Central 电视台表演脱口秀的中国内地脱口秀演员；刘旸教主在优酷发布了中文普通话世界的第一个线上个人专场《庄谐不二》。①不过，这两个作品的内容都只能算是前疫情时代的了。

　　幸好，疫情很快得以控制。4 月，硬核喜剧率先在深圳

---

① 编者注：单口喜剧个人专场（Stand-up Comedy Special）是一种由单个喜剧演员或脱口秀演员主导的喜剧形式。举办个人专场是演员成熟的标志，个人专场也是演员追求的目标和王牌作品。在海外，拥有个人专场的喜剧演员会进行巡演，也会与视频播放平台合作，将其制作成视频节目。在中文普通话的世界，《庄谐不二》是第一个单口喜剧个人专场节目。

恢复了线下演出和开放麦，全国各地的俱乐部很快迎来了"报复式"的复演，就算后面疫情偶有反复，也阻止不了线下演出的熊熊之火。

洛宾从 2020 年 8 月开始，重拾逗伴脱口秀的牌子，与上海的喜剧联盒国一起，在深圳和广州合办演出。笑果、单立人、喜剧联盒国和硬核喜剧成为在北上广深等主要发达城市都举办过演出的喜剧机构，并称线下演出的全国"四强"。

笑果文化毫不意外地在 2020 年继续成为脱口秀圈子的话题中心。年初，笑果与旗下演员的解约风波成了真正出圈的社会热门话题，因为泄露用户信息而被卷入其中的某银行，除了令一位支行行长丢掉了饭碗，还被监管机构约谈。7 月，《脱口秀大会第三季》顶着压力开播，取得了三季以来最好的口碑；程璐和思文在节目中宣布离婚，成为粉丝的遗憾和吃瓜群众的谈资；被誉为"中国脱口秀演员天花板"的单立人头牌演员兼合伙人周奇墨，为了参加《脱口秀大会》而签约笑果，并且在节目中被数度淘汰又复活，成为类似于《乐队的夏天》"捞五条人"的圈内热议话题；在节目中出彩的李雪琴、杨笠、王勉、王建国等人真正凭借脱口秀演员的身份走入了娱乐明星的行列；在杨笠脱口秀表演后引发的男女对立话题更是引起了全社会的讨论，至今余波未息。

2021年年初，李诞在女性内衣代言广告中引起争议的"躺赢"事件，更是让喜剧人深思喜剧的边界在哪里。

2020年，中国脱口秀界还出现了一个此前从未有过的现象：各地脱口秀俱乐部纷纷自建小剧场。内地最早自建剧场的俱乐部是功夫喜剧（KungFu Komedy），2015年，其主理人 Andy 在上海的襄阳北路建了一家能容纳100人的专业小剧场。一直运营到2019年，功夫喜剧退出内地市场，把场地转手给了笑果文化，改名为山羊GOAT，并成为城市的脱口秀地标，演员和观众到上海都要去这里打个卡。随后，笑果在上海还增开了一个小剧场，命名为笑果工厂。这两个场地的每场演出都一票难求。到2022年，全国喜剧俱乐部的数量已经超过了200家，自建剧场的俱乐部也超过了50家。

从2020年开始，整个人类社会都在遭受新型冠状病毒感染的巨大冲击，中国的线下脱口秀市场却从2019年开始加速，即使疫情也无法把它拖慢几许，这不得不说是一个奇迹——一个切切实实在我们身边发生的奇迹，我们每一个人，都有幸参与其中。

2009

源起与先行者

行业

Stand-up Comedy到底该怎么翻译？

　　大概从 2013 年起，陆续有媒体报道国内与 Stand-up Comedy 相关的俱乐部和个人，其中不乏影响力巨大的新华社、央视、《人物》、《第一财经周刊》等媒体。在所有这些报道里，接受采访的脱口秀演员都反复强调"脱口秀"不是 Stand-up Comedy 的正确翻译，而应该是"单口喜剧""站立喜剧"或"单口秀"，类似《好奇心日报》这样的表述，在很多文章里都能看到：

　　　　需要解释的是，国内"脱口秀"和"单口喜剧"这两个概念由于翻译问题经常被混用。"脱口秀"（talk show），即访谈类节目，会有一个主持人和一个或几个嘉宾谈话的环节，通常在电视台播放，比如美国有名的《大卫·莱特曼晚间秀》《囧司徒每日秀》① 等，中文世界的《锵锵三人行》《金星秀》也属此类。

"单口喜剧"（Stand-up Comedy），最早被香港艺人黄子华引入华人地区，并被他译为"栋笃笑"，这是由一个喜剧演员依靠笑话撑全场，穿插与观众现场互动的表演形式。很多人从酒吧或脱口秀俱乐部开始他们的职业生涯。

国内最早开始大张旗鼓地摒弃"脱口秀"这个叫法的俱乐部是上海的笑道文化，他们在 2013 年就开始在微信公众号里频繁地使用"单口喜剧"这个称呼。2017 年成立的单立人喜剧，更是以推广"单口喜剧"这个名字为己任。我在自己创办的逗伴脱口秀俱乐部、曾经工作的笑果文化以及公司木更文化里，都时刻谨记把 Stand-up Comedy 称为"单口喜剧"。直到 2018 年，我在深圳跟单口喜剧演员牙签吃了顿饭，饭后有一句没一句地闲聊，他忽然问我："你觉得大

① 编者注：《囧司徒每日秀》即 The Daily Show，是由美国喜剧中心频道（Comedy Central）于1996年开播的深夜政治吐槽节目。主持人乔恩·斯图尔特（Jon Stewart，外号"囧司徒"）以其独特的新闻脱口秀风格，通过风趣的讽刺手法对一天的新闻畅所欲言。2015年，乔恩·斯图尔特宣布退休，特雷弗·诺亚（Trevor Noah，外号"崔娃"）接班。

家那么执着地强调'单口喜剧'这个称呼有什么意义呢？"

牙签当时因为焦虑症已经有一年多没有登台表演了，几乎可以称为"前单口喜剧演员"了。我暗忖，没想到人一段时间没上舞台锻炼，会连这么基础的东西都忘掉……正考虑着要怎么回答才不至于太伤牙签的自尊心，他结结巴巴地把自己的想法说了出来，一下子改变了我的想法。以下就是当时我们讨论后总结的一些想法。

"单口喜剧"确实是最贴近 Stand-up Comedy 的译法，"脱口秀"确实是 Talk Show 的音译，这两点是毋庸置疑的。然而，目前大众对单口喜剧并不熟悉，从业者如果要把这一名称向大众普及，有效的方法大概是以下这几种：

第一，出现一档或多档现象级的、使用"单口喜剧"这个名称的节目。

这几年跟 Stand-up Comedy 相关的节目，能称得上现象级的无疑就是笑果文化的《吐槽大会》了。然而，他们从来没有在节目里使用过"单口喜剧"这个称呼。后来，他们还做了一档跟 Stand-up Comedy 关系更密切的节目，名叫《脱口秀大会》。

爱奇艺在 2017 年做了一档跟 Stand-up Comedy 百分之百相关的节目，在咨询了包括我在内的几位老演员之后，他们还是把节目命名为《CSM 中国职业脱口秀大赛》，而不是"单口喜剧大赛"。

历经波折终于在国内出版的《手把手教你玩脱口秀》，我们几位译者曾建议要不要改名叫"手把手教你玩单口喜剧"，最后也被出版社的营销部门否定了……

作为一名从业者，我在短期内可能出现的任何大型的综艺节目计划里都没看到"单口喜剧"的身影，所以，这个方法估计较难实现。

第二，出现一位"巨星"级别的单口喜剧演员，全力推广"单口喜剧"这个叫法。

以前做过类似事情的人有两位，一位是黄子华，他把"栋笃笑"这个名字在粤语地区做到了家喻户晓；另一位是周立波，他"海派清口"的大名也在一段时间内如雷贯耳。然而，不管是从如今行业发展的趋势还是演员个人发展的方向，我都看不到未来几年会出现这样的演员能够将"单口喜剧"的叫法推广开来——这并不是说国内不会出现明星级别甚至巨星级别的单口喜剧演员，而是即使出现了这样的优秀演员，他们也不会全力推广这个叫法，毕竟利益摆在那里。有那时间就抓紧好好赚钱，谁会去做吃力还不一定讨好的事情呢？如果那几位潜在的巨星看到这一章，你们扪心自问会不会这样做？

第三，出现强推"单口喜剧"这一叫法的行政力量。

这个，就别想了吧……

　　而最强大的力量，是正活跃在舞台上的从业者们，让我们努力地去推广"单口喜剧"这个称呼吧！好的，看看我们的力量有多大？三四百位演员，两三千位开放麦练习者，几十家喜剧创业公司！是不是很惊喜？是不是很兴奋？是不是觉得胜利在望？

　　不是的。也没必要。

　　为什么把 Stand-up Comedy 叫作"脱口秀"不会造成理解的混淆呢？因为人们在讲话时会考虑语境。我们不妨把"脱口秀"当作一个多义词：

　　① 一种语言类节目，以对话访谈为主，是英文 Talk Show 的音译；

　　② 一种表演者在舞台上直接面向观众的表演艺术，以逗笑现场观众为主要目的（即 Stand-up Comedy）。

　　在考虑语境的情况下，这两种含义是不会混淆的，比如：

　　我是一名脱口秀演员。②

　　他昨天刚上了一档脱口秀节目。①

　　你做什么工作的？我做脱口秀的。②

　　汪涵主持了一档新的脱口秀节目。①

　　逗伴脱口秀俱乐部。②

　　我叫王自健，我是一名脱口秀主持人。①

　　我叫梁海源，我准备在兰心大剧院做一场脱口秀专场。②
　　⋯⋯⋯⋯⋯

　　既然在以上的情况中，我们不会对"脱口秀"所指的是
哪一种产生混淆，那就没必要专门用"单口喜剧"来做解
释了，就好像上面的最后一个案例，不需要将其表述为"我
叫梁海源，我准备在兰心大剧院做一场脱口秀专场。对了，
这个是单口喜剧，跟王自健主持的《今晚80后脱口秀》不
是一回事儿。"这样解释虽然会更精确，却打断了说话的节
奏，更有画蛇添足之嫌，而且很有可能变成这样的情景：

　　梁海源：我准备在兰心大剧院做一场单口喜剧专场。
　　记者：单口喜剧专场？是单口相声吗？
　　梁海源：不是相声，是单口喜剧，Stand-up
Comedy（发音不标准）。
　　记者：Set up 什么底？
　　梁海源：⋯⋯

　　只有在解释概念时，我们才需要精确地表达"单口喜剧"
的说法，例如，本文开头引述的《好奇心日报》的文章。
　　所以，我建议还是把 Stand-up Comedy 叫作"脱口秀"

吧。省去纠正译名的工夫，我们可以把更多的精力放在对表演、对创作，和对更有效地逗笑观众的讨论上。

当然，还是会有人热衷于讨论这个问题，我还碰到过一个与之有关的有趣假设："如果你在'脱口秀'这个词出现之前（这个词在 20 世纪 70 年代就出现了）接触到了 Stand-up Comedy，作为第一个把这门艺术引进到华语地区的人，你会给它起一个什么样的译名？"

认真想一想，我可能不会用"单口喜剧"这个译名，因为我还没有见过有哪门广为流传的艺术的名字是 4 个字的，通常都是 2 个字的，比如相声、小品、漫才、话剧、摇滚、民谣……最多也是 3 个字的，比如二人转、现代舞、交响乐……凡是用了 4 个字的基本上很难在群众之间传播，比如单口喜剧、素描喜剧、阿卡贝拉、即兴喜剧、花样滑冰（但后两者可以简称为"即兴""花滑"）……所以，如果要用 3 个字来翻译 Stand-up Comedy，"单口秀"会是一个很不错的选择。如果要用更容易传播的 2 个字的名称，又跟英文的 stand-up 在发音上略为靠近，我会发明并大力推广这个词——"单逗"。

也就图一乐吧。

行业

字幕组与脱口秀

Stand-up Comedy 是美英舶来品，可以说，我们在线上能看到的最好的脱口秀表演都是用英语讲的。早期的脱口秀演员，绝大部分是看了大量的国外脱口秀视频后而踏上表演之路的。这要归功于无私的字幕组。我新认识的每一位欧美脱口秀演员，几乎都是通过字幕组的翻译和传播——作为观众我只是看了一遍字幕，而他们却是一个汉字一个汉字敲进去的，还要校对，调时间轴，压制，上传，分享……所以，我一向认为，字幕组不仅是脱口秀的"盗火者"，还是文化的"盗火者"，因为那些没有条条框框的脱口秀视频，对于很多喜剧爱好者来说都是难得的精神洗礼。

对于刚刚开始对脱口秀感兴趣的人来说，应该选择哪些好的国外脱口秀视频观看呢？在哪里看呢？2014 年 5 月 27 日，腾讯视频的《夜夜谈》播出了杨锦麟老师对"野生译者"、脱口秀达人谷大白话的访谈，很好地解答了以上问题。我作为这期访谈的发起者，带着谷大从深圳一路去到了杨老师在香港的工作室。在出发的前几天，我还文字采访了几位字幕组的翻译达人，下面我会提及当时整理的采访内容。

@Max Payen999 是我在微博上认识的产量最高的字幕翻译者，他翻译了 200 多部单口喜剧专场的视频以及不少美剧，这些视频都能在网上找得到，不妨去微博上搜一下 @MaxPayen999 和他的 B 站账号 "一狂箭岚"。

@MaxPayen999：

我做字幕本身是出于乐趣，能让更多人看到，乐趣加倍，这就是我做字幕的初衷。我那时候上初中，我们院子里有个大哥是卖 DVD 的。这些 DVD 的碟片和封面不是一开始就封装好的，都是一包碟片，一包封皮堆在那里，需要根据碟片的内容来找封皮。我免费帮他看碟找封皮，他就让我随便看片，让我随便玩游戏，我的英语听力就这么练出来了。

做翻译的成就感？有一次坐地铁，看到有个小姑娘拿着 iPad 看我做的杰夫·邓纳姆（Jeff Dunham）的木偶表演，在那里嗤嗤地笑，特别有成就感。

　　我一开始做的单口发的是 MKV 格式，发布的时候我也说了，要用我的字幕请标注出处。但是有个很大的网站，在我发布之后的当天就把我视频中的字幕提取出来，自己重新压制，说是自己的原创，还放到首页上大肆宣传……这种事让我特别伤心。

有一次我跟 @MaxPayen999 聊天，他把自己翻译的作品做了一个简单的总结，我摘录在这里，读者朋友们可以把它们当作观看脱口秀视频的简单指南：

@MaxPayen999：

　　一般来说我们（SPS 辛普森一家字幕组）选择翻译的都是名家或者是很有价值的专场，那些不值得一看的我们基本上是不做的。所以看 Stand-up Comedy，不妨用我们做的专场做入门教材，比如：

　　喜欢非裔的可以看克里斯·洛克（Chris Rock）或者马丁·劳伦斯（Martin Lawrence）；

　　喜欢看口技的可以看杰夫·邓纳姆或者"蓬松哥"加布里埃尔·伊格莱西亚斯（Gabriel Iglesias）；

　　比较深沉的可以看乔治·卡林（George Carlin），还有比尔·希克斯（Bill Hicks）；

不愿意听脏口的可以看宋飞（Jerry Seinfeld）；

想听聊政治的单口有比尔·马赫（Bill Maher），还有刘易斯·布莱克（Lewis Black）；

独角戏有威尔·法雷尔（Will Ferrell）和比尔·克里斯托（Bill Kristol）；

或者这么说吧，我分享的文档里前 50 场都是保质保量的，看完了或许会对美国 Stand-up Comedy 的水平有个大概的了解。

@少数派 memetics：

那个时候我还只是普通美剧爱好者，在读研。当时追看的《反恐 24 小时》在播第四季，之前都是等别的字幕组出字幕，那天播第 16 集，等了好久都没出字幕，大家着急了，就有人提议要不干脆自己译。我因为是学英语的，就负责听译（我们没有 CC 字幕①，那时也不懂），有人负责时间轴，还有人负责校对和压制发片。大家都是第一次做字幕，没经验，就慢慢弄，大概弄到 10 点多，别家字幕组出了……我们不管，决

---

① CC字幕，即隐藏式字幕（Closed Captioning），是电视节目、视频等为有特殊情况或需要的观众而准备的字幕。例如，字幕会使用一些解释性的文本来描述内容（如现实场景的声音或配乐），以方便有听力障碍的或需要在无音的条件下观赏节目的观众。

定继续做下去。后来一直弄到凌晨两三点，最后发布出去了，虽然下载的人很少，但是我们很开心啊！后来我们陆续又做了，虽然都比别人慢，但是觉得有趣，后来决定成立字幕组，我给取名"天幕客"，取自英文Teamwork。我们这个民间小字幕组加起来也就五六个人，基本上就做《反恐24小时》。当时全部都是听译，基本上一坐下来就是一天。我记得有一次我没吃东西，连续坐在电脑前几个小时弄字幕，中途上个厕所还晕倒在地上，醒来人还躺着，都不知道怎么回事！虽然辛苦，但大家还是很开心的。那季结束后，字幕组后来基本上就解散了，我也加入了网上更大的字幕组。

@Aleksander

我并不是英语专业的学生，第一次做字幕是在去年4月，因为受到@谷大白话、@管鑫Sam、@少数派memetics几位老师做的《囧司徒每日秀》、《彪马实时秀》[①]、白宫记者会和路易·C.K.（Louis C.K.）的单口喜剧的启发。由于不知道国外影视在网上都有现成

---

① 编者注：《彪马实时秀》即 *Real Time with Bill Maher*，是由美国著名脱口秀主持人比尔·马赫（外号"彪马叔"）主持的一档脱口秀节目，以幽默讽刺的方式讨论时事新闻和政治话题。

的英文字幕，我还以为所有字幕翻译都需要听得懂视频里在说什么，所以傻傻地听译了去年3月HBO的路易·C. K.的《我的天》（*Oh My God*）专场，字幕软件和压制都是自己现学的，废寝忘食弄了一周才做出了成品。后来才了解到做字幕组分听译、翻译、校对、调轴、压制等，每一个都是非常累的工作，尤其是听译。我很敬佩那些无偿奉献的朋友们。值得一提的是，@笑道Standup李老湿还帮我指出了很多错误，我也认识了在国内玩脱口秀的@搞笑大叔洛宾，以及@MaxPayen999、@滚叔说唱两位SPS字幕组的"元老"。

我后来并没有直接加入@MaxPayen999的SPS字幕组，而是又单独做了两个路易·C. K.的单口。直到有一次，@滚叔说唱请我帮他们听译爱尔兰谐星迪兰·莫兰（Dylan Moran）的喜剧才遇到了挑战。这位谐星风格独特，他醉着酒出场，爱尔兰口音浓重，发音含糊不清，一句话我要仔细听好几遍，甚至十几遍才能弄懂。自那之后，我得到@MaxPayen999的赏识，他们老给我"戴高帽"，我也自然很乐意加入他们的单口组，做了很多优秀的单口谐星的作品。不过由于学习和其他事情比较忙，所以我大多数时候是在组里"打酱油"。

滚叔把我引荐到了很多字幕交流群里,才知道了很多"大神",如 @ 盖柴小姐、@Not 小月月等。

@ 盖柴小姐

做字幕的乐趣? 经常因为要翻一场单口去搜听不懂的俚语,就学到了很多有"特色"的知识,比如翻译蓬松哥,学了好几句西语骂人的话;翻一个组合单口时,学了几个很有特色的单词……

然后就是认识了很多单口字幕爱好者啊,还有你和逗伴这些 real players,觉得挺有意思的。有机会一定去看你们的现场。

@ 滚叔说唱

我从大一看拉塞尔·彼得斯(Russell Peters)开始迷上单口,当时还没有字幕,我听了一遍又一遍,能听懂百分之七八十。于是我在网上搜索类似的节目,后来在找克里斯·洛克的《更黑更暴力》(Bigger and Blacker)的时候,发现 SPS 辛普森一家字幕组的 @MaxPayen999 做了好几场单口的字幕,觉得非常喜欢,当时也没想过自己能加入字幕组,只是一直看 Max 翻

译的作品，加了字幕组 QQ 群和 Max 的 QQ。可能 Max
看我在空间经常发一些他翻译的单口内容，就叫我跟他一
起做字幕。一开始是帮他校对"单口喜剧鼻祖"乔治·卡
林的《你们都有病》（*You are all diseased*）。老爷子的
单口不比别人，一集一千六百多句，做校对相当于二次
翻译，难度和工作量都很大。不过由于我的英语基础还
不错，对单口也有一些了解，所以花了一个下午加一个
晚上，校对了两遍。Max 给了我很高的评价，让我更
有信心自己翻译，随后我就花了一个星期的时间翻译了
大卫·查普尔的《不论真伪》（*For what it's worth*）。
后来越做越多，现在 IMDB 百大单口里我跟 Max 认为
比较优秀的基本都做了翻译，还有一些还在继续制作。
非常感谢 Max 带我做字幕，他教会了我很多东西。还
有字幕组无私奉献的所有人，这些人分文不取，凭借自
己的热爱没日没夜地做着不求回报的工作。尊重他们最
好的方式就是多多分享，让更多人看到他们的作品，不
要盗用字幕，这种事情实在太缺德。

　　做字幕的故事太多太多，说也说不完。Max 说过：
"翻译字幕对我来说是一种习惯，也是一种坚持。在翻
译字幕的时候可以细品作品的味道，比普通观众更能理

解剧情。在打字的时候，我经常感觉自己像变成了一个教师，站在屏幕前给观众讲解剧情，这种感觉很奇妙，好像演员的嘴变成了你的嘴，你在替他们表演。"这是我最喜欢的一段话。

喜欢我们的字幕就继续关注我们的字幕组吧。带给你最纯正、最爆笑的英美单口喜剧艺术。

@Not 小月月

我是当年高考英语不及格、大学英语四级勉强过线的 @Not 小月月。会做字幕是因为崇拜 @ 谷大白话……假的，是因为爱上囧叔、扣扣熊和彪马。

当然，也是因为谷大做了字幕给我们扫盲。刚开始看谷大的字幕时都跟不上囧叔在说什么，后来逐渐理解，也爱上了他那种针砭时弊的幽默和机智。做字幕是因为失业了没事干，打算提高英语水平……以此作为借口来看脱口秀。现在《囧司徒每日秀》和《扣扣熊报告》[①]基本每天会做一段吧，还有就是《彪马实时秀》和最近

[①] 编者注：《扣扣熊报告》也叫"科尔伯特报告"，即 *The Colbert Report*，是一档由喜剧演员和艾美奖获得者斯蒂芬·科尔伯特（Stephen Colbert，外号"扣扣熊"）主持的脱口秀节目。科尔伯特以其戏仿右翼评论员的方式对时事进行评论和讽刺。

囮橄榄[①]的新节目，也偶尔涉足其他秀的有趣内容。

作为资深理科女，我做了不少采访科学家的翻译。我做字幕八成都需要CC，因为听译能力太有限了。但是，所谓"成也CC，败也CC"，目前为止还没见到过完全正确的CC呢。很多时候我会被CC误导，目前正在结合CC提高听译能力。随着做字幕的时间越来越长，发现节操越来越少。很多单词已经完全不知道它的本意了，比如，bun大多是指"小圆面包"或者"发髻"，我就直接往"PP"那里想，各种男女的生殖器官的词汇积累了一堆……

做字幕最开心的是认识很多朋友，学到很多知识。最"累感无爱"的就是不小心和@谷大白话做了同一期节目……

最近最开心的事情就是谷大居然在私信里回复我了！

我的字幕风格是先出字幕后求抓虫（bug）校对。目前在努力学习@谷大白话的"三俗翻译法"。

---

① 编者注："囮橄榄"是约翰·奥利弗（John Oliver）的外号。他是英国喜剧演员、政治讽刺作家和演员，也是脱口秀节目《约翰·奥利弗上周今夜秀》（*Last Week Tonight with John Oliver*）的主持人。

@Not 小月月至今依然活跃在微博上翻译各种视频。由于某些神秘的原因，她的微博 ID 换了很多次，如果想去追随她，需要花点儿时间找找她最新的名字叫什么。

我在 2015 年后跟字幕组的联系越来越少，曾经的字幕组达人 @ 盖柴小姐在 2018 年短暂地加入过笑果文化，从事翻译和喜剧研究工作，翻译了《周六夜现场》的纪录片《周六之夜》（*Saturday Night*）。她后来也离开了笑果，我再没见过她翻译新的视频。现在比较活跃的脱口秀译者是 @ 字幕少女和 @ 胭脂泪叹，跟早期的 @ 谷大白话一样，她们主要翻译片段式的单口喜剧内容。热衷于翻译单口喜剧的字幕组有小猫咪字幕组和松饼译制组。从"古早"时期到现在一直单枪匹马翻译单口喜剧专场的似乎只剩 @MaxPayen999 一人了。近年奈飞开始提供官方中文字幕了，@MaxPayen999 主要做的是压制和上传的工作，偶尔看到自己喜欢的但没有官方中文字幕的专场，他还是会兴致勃勃地翻译一下。偶尔，我们也能看到脱口秀演员翻译单口专场，比如苏州来噻喜剧的演员庆凯，他会以"来噻喜剧字幕组"的名义翻译一些自己喜欢的国外专场。

下面列出的是一些喜剧爱好者们比较喜欢的字幕翻译者（不能尽录，请见谅）：

微博博主:

@kingboer, @腐国口译室, @TalkshowCenter, @a土人。

B站up主:

专门翻译《周六夜现场》的: eskus, 订书针毒药。

翻译单口喜剧的: 谁是天然呆, 症症Zhenger, 米国脱口秀。

专门翻译柯南秀的: 柯南秀NS字幕组。

…………

我相信, 不以营利为目的的字幕组会一直存在, 他们凭着一腔热情和喜爱, 为广大渴望探索外部世界的喜剧爱好者打开了一扇窗。他们是Stand-up Comedy文化在中国的推动者, 每一位脱口秀演员都曾受惠于他们。

向所有无私的字幕翻译者致敬!

行业

挣扎中的粤语脱口秀

提到粤语，就要把表示 Stand-up Comedy 的"脱口秀"转换成更符合英文原意的"栋笃笑"了。把 Stand-up Comedy 翻译成"栋笃笑"这么一个信、达、雅的名字的人，正是"香港栋笃笑始祖"黄子华。

人人都承认黄子华是"栋笃笑第一人"，但黄氏之后的第二人是谁，却莫衷一是。有人说是比黄子华更早在节目主持中说栋笃笑的许冠文——但他在 2005 年才举办栋笃笑专场演出，比黄子华晚了 15 年；也有人说是创办了"形体栋笃笑"的詹瑞文；还有人说是多次举办了栋笃笑专场的林海峰，以及玩票性质的电台 DJ 森美，歌手陆永，演员卓韵芝、阮兆祥，以及好几个并不知名的香港艺人……遗憾的是，香港这个最早诞生了华语 Stand-up Comedy 的地方，并没有孕育出真正的 Stand-up Comedy 文化——香港一直没有常规的栋笃笑商演，也没有遍地开花的开放麦和俱乐部。然而，华语脱口秀专场的演出记录仍然保留在这个城市——2018年7月，黄子华的收山之作《金盆喙口》栋笃笑，一个月之内在能容纳1.2万人的香港体育馆（也称红磡体育馆）连演了26场，场场爆满，这也许是一个世界纪录。

我在2001年看了黄子华节目的 DVD，知道了粤语栋笃笑的存在。但身为广东人，那时的我还从没想过有一天自己也会登上舞台去表演这门艺术。我第一次用粤语表演脱口秀已是十余年后的2012年，那年我代表深圳外卖脱口秀俱乐部去香港参加 TakeOut Comedy 举办的中文脱口秀比赛。那场比赛，除了包含我在内的深圳过去的两名选手，其他人都准备用粤语表演。到了现场，我发现观众全都是香港人，加上自己抽签抽中了第一个出场，对结果根本不抱希望。上台前的一刻，我临时决定把自己的普通话段子换成粤语，进行人生第一次栋笃笑表演，算是过了一把嘴瘾。

那次比赛，我虽然没有取得好成绩，但结识了几位在香港做栋笃笑演出的演员，包括在香港出生和长大的印裔演员 Vivek，香港本地的演员 Tim 和 Martina，兼职表演的警察 Fab 等人。他们早期在香港 TakeOut Comedy 俱乐部进行栋笃笑表演，后来独立出去，成立了以 Vivek 为主理人的俱乐部。虽然演员和观众规模至今没怎么扩大，但他们一直在当地坚持举办线下的栋笃笑演出。

当我用普通话表演脱口秀的次数越来越多，我逐渐明白了粤语段子和普通话段子之间的区别。后来去广州和东莞的俱乐部演出，我已经能够很自然地把自己的段子转换成粤语来表演了，毕竟粤语是我的"母语"，表演状态更自然，效果也更好。

去东莞表演的时候我认识了梁晓智。这是一位在东莞当地小有名气的人物，有一家自己的文化公司，从事动漫和设计工作。他对香港文化和日本动漫有着非常深入的了解，在当地做主持工作时经常以栋笃笑的形式来进行，还因为参加了一个叫"栋笃之王"的比赛而获得了"东莞栋笃笑第一人"的称号。

梁晓智比我大几个月，我们很快成了无话不说的朋友。内地讲粤语的人很多是受香港娱乐文化的熏陶长大的，晓智是我身边"港味"最浓的一个。他的港味主要体现在对粤语的热爱，对香港影视的熟稔，他甚至对香港影视圈的绿叶演员都如数家珍。2021 年，晓智被我撺掇着在喜马拉雅开了一档名为《晓智说香江》的播客专辑，专门介绍香港的流行文化、娱乐秘闻和民俗文化掌故。为了吸引更多受众，他不得不用普通话来演绎，内容非常新颖有趣，可惜只更新了24集就结束了。

梁晓智被称为"东莞栋笃笑第一人"，不仅因为他是第一个在东莞讲栋笃笑的，还因为他早早就开始在东莞组织栋笃笑演出了，时不时地邀请香港、广州和深圳的演员来表演。内地能用粤语做栋笃笑表演的人并不多，到目前也只有二三十人。在2015年之前，内地几乎没人举办过正式售票的栋笃笑商演，梁晓智在东莞举办过几次演出，这几次都由当地文化部门出资，免费向公众送票。2015年8月，我以逗伴脱口秀的名义在深圳南山文体中心剧院的小剧场举办了一场正式的粤语栋笃笑商演，当时打出的宣传口号是"深圳有史以来第二场粤语栋笃笑"——至于第一场，当然是黄子华2015年3月在深圳湾体育中心举办的大型商演了。那场演出的演员除了我自己，还有来自香港的Vivek和Fab（两人都曾获得香港栋笃笑比赛的冠军），以及来自广州的李智星和穷小疯。梁晓智担任主持人。海报上非常嚣张地写着"搜集穗港莞深最强粤语栋笃笑演员，深圳开埠以来首次"！

那场演出最后只卖出了80张票，成了逗伴脱口秀全年唯一一次亏钱的演出。但那场演出依然让两位来自香港的演员惊叹，因为算上赠票在内的过百的观众，以及能容纳356人的正规剧院，这是他们在香港演出不曾见过的"盛况"。演出结束后，我加入了笑果文化，准备到上海发展。出发之前，我约梁晓智在深圳见面，用一种"托孤"的心态跟他说了对粤语栋笃笑的发展计划，希望他能在广东好好发展栋笃笑。我的计划是这样的：

> 全广东有20多个地级市，经济发展普遍不错，每个市里至少有一个官方剧场，通常都承包给了当地的演出公司，这些公司每个月需要为剧场采购足够数量的演出，以满足当地群众的文化需求——而栋笃笑演出，可以说是性价比最高的一种演出形式。每场只需要5个演员，基本不需要准备道具和舞美。广东观众都听得懂粤语，而且因为黄子华和香港电视的关系，大多数人对栋笃笑已经有了一定的了解，演出效果将足够有保障。如果成立一个粤语栋笃笑团体，去跟这些演出公司谈妥采购，广州、深圳的栋笃笑演员只要在周末开着一辆车，三四个小时之内就能到达这些城市，演完两场之后，甚至当天就可以返程。几十个县市走一圈，一年的演出数量就差不多够了。栋笃笑演员在这种类似美国职业脱口

秀演员的巡演方式的锻炼下，水平和收入都能获得很好的提升。这个计划，在全国都没有几家俱乐部的2015年可谓非常超前。

梁晓智听完这个计划大受鼓舞，当即决定回去好好推广栋笃笑演出。然后，就再也没有下文了……2017年年底，我在上海成立了木更文化，他也跟随我来到上海，一起工作了一段时间。2018年7月，木更喜剧和喜剧联盒国一起在上海为Vivek举办了一场粤语个人专场，非常难得地卖出了超过50张票。我、梁晓智和小猪这几位在上海打拼的广东人，也作为热场演员参与了演出。

一直以来，内地能够扛起正牌栋笃笑大旗的只有广州的香蕉脱口秀俱乐部，这家俱乐部的前身是于2013年成立的广州脱口秀俱乐部。后来，经历一番变故，创始人Alex退出，俱乐部在2015年更名为香蕉脱口秀，三位主力栋笃笑演员穷小疯、阿水和加马先后加入了笑果文化，俱乐部也逐渐变为笑果的附属演出机构。2019年，加马离开笑果，创立了纯粹幽默社，香蕉脱口秀俱乐部的名号也从此退出江湖。虽然现在纯粹幽默社也会定期举办粤语栋笃笑的演出，但不管在哪个阶段，广州的喜剧团体都没有以栋笃笑演出为主，他们举办最多的依然是普通话的脱口秀。

这种情况，直到 2022 年才有所改观。这一年，知名粤语短视频节目《粤知一二》的主理人郭嘉峰在广州主办了首届"趁早讲笑"栋笃笑大赛。经过从海选到决赛的层层角逐，最终，来自广东肇庆的阿谦获得冠军，DJ 梁广宇和鸡翅分别获得第二和第三名。冠军阿谦随后与郭嘉峰合作，在广州以"一二剧场"的厂牌名定期做纯粤语的栋笃笑演出和开放麦活动，但活动的频率仍然跟普通话脱口秀不可同日而语。启动不到半年的时间，一二剧场也陷入了停顿。

不管是在广东还是香港，粤语脱口秀的状况就如本节标题所说，一直处于一种"挣扎"的状态。就算是在黄子华风头最盛的时期，香港也没有诞生纯粤语的栋笃笑俱乐部，遑论有规律的开放麦与商演的举办了。黄子华的凭空出世完全是一场美丽的意外。他的第一场栋笃笑专场《娱乐圈血肉史》的问世，是因为个人的演员事业发展不顺，想以一场吐槽自己娱乐圈经历的专场挥别演艺生涯，最后歪打正着地开启了栋笃笑生涯，成为"一代宗师"。在黄子华成名之后，几乎每一个尝试栋笃笑的演员只要讲出了一点点效果，都被观众盛赞过"像黄子华"。对于这些演员来说，获得这种称赞既是幸运，也是不幸——但凡艺术创作者都知道，"学我者生，似我者死"。

广东使用粤语的人口近7000万，全球粤语人口约1.2亿，这其实是一个非常大的市场，粤语栋笃笑至今不成气候，实在是一件异常可惜的事。横向对比，可以看看英国、法国和德国，每一国人口仅在七八千万之间，澳大利亚和加拿大的人口更是仅有三四千万。虽然各国各地脱口秀发展的原因不能一概而论，但我相信人类对喜剧娱乐的需求是共通的，粤语栋笃笑能带给人们巨大的快乐，粤语地区需要栋笃笑，但为什么这门艺术始终没在这片土地繁荣起来呢？这么多年，我一直在思考这个问题，至今没有答案……希望有识之士能参与进来，早日找到答案，一起努力，让栋笃笑早日雄起！

外一篇

黄子华栋笃笑观后感

2014 年 10 月 14 日，逗伴脱口秀几乎全体出动，去香港观看了黄子华的栋笃笑专场《唔黐線唔正常》①。即使我们当中有三分之一的人听不懂粤语，大家仍然买了一等座的黄牛票，带着参拜"祖师爷"的心情去看了这场演出。

黄子华，这个华人地区 Stand-up Comedy 的"祖师爷"，从 1990 年开始影响着所有热爱或从事这门艺术的人，包括周立波，他也承认自己是看了黄子华的表演才开始"海派清口"表演的。在粤语地区，几乎每一个喜爱栋笃笑的人都深受这位"教主"的影响，表演时身上都或多或少有他的影子，观众（特别是对脱口秀了解不多的观众）如果觉得某个演员的脱口秀表演得不错，评价时几乎都会带上"讲得好像黄子

---

① 编者注："唔黐線唔正常"的普通话可译为"不神经，就不正常"。

华"这样的评语。

黄子华这场演出的地点是香港体育馆，也就是著名的"红馆"——一个几乎从不举办体育比赛的体育馆。这里通常只举办演出，能在这里举办个人专场几乎是香港艺人走向巅峰的标志。这已经是黄子华第三年在这里举办栋笃笑专场了，10月6日至16日连续演出11场，门票从8月1日开始出售，一天之内就全部售罄。我们买得最贵的一档定价580港元的门票，是在淘宝上以650元人民币购买的。我们到达现场时，发现果然座无虚席。

整场演出高潮迭起，黄子华的出场和结束都很低调平和，没有以往那种非常夸张拉风的造型，只有一种站在顶峰的从容，锋芒与霸气都收敛了许多。当观众大声称呼他"视帝"时（黄子华于2013年凭借在电视剧《My 盛 Lady》的表演获得了TVB"最佳男主角"奖），他停了下来，微笑着回应："视帝！这是一种称赞吧？"在得到大家肯定的大笑回应后，他接着说："视帝有很多个，栋笃笑（指着自己），只有一个。"轻描淡写的一句，霸气十足！

我以前在网上或DVD里看黄子华的表演，边看边笑，笑完了也就没什么了，如果对其中的经典段子和金句印象深刻，顶多就是在跟朋友聊天时拿出来模仿一下。这一次，虽然是第一次在现场观看黄子华的表演，但好歹我已经算是业内人士了，所以，对黄子华的表演进行一些"技术分析"就很有必要了。

1. 段子里有大量的谐音梗或双关梗

当然，黄子华说的是粤语的双关谐音梗，基本上无法很好地翻译成普通话，例如，"揸 fit"与"揸 lift"，"四大皆空"与"四胸皆大"。我以前在文章里讨论过，脱口秀表演者在表演时应尽量避免出现谐音或双关的段子，因为观众会马上听明白这个笑话的运作原理，然后产生"这么简单的笑话，那我也会说啊"的感觉。但黄子华不一样，他嘴里说出来的谐音梗不会让观众产生这种感觉，因为：

第一，黄子华的谐音梗，并非把词语的音"谐"了就算了，他在"谐"之前和之后会针对这个谐音段子讲出大段的内容，这与简单地为了谐音而谐音的段子有很大的区别。

第二，黄子华也不乏简单的"一谐而过"的谐音梗，但都是蜻蜓点水式地带过。如果观众反应非常强烈，才稍做展开，加上其表演功力非常强，观众依然会觉得这是带着鲜明的"子华特色"的谐音梗，不是随便哪个人都能演绎的。

所以，我们在学习黄子华的时候，决不能因为"黄子华也说过很多谐音梗", 就让自己也在舞台上这样表演, 我们的段子的设计水平, 特别是舞台表演的水平, 与他还是差得太远了。

2. 大量运用"假如……那么……"（what if）的混合技巧

从支持环保, 塑料袋只要 5 毛钱 ①, 假设随地吐痰如果只罚款 5 毛钱会引发什么后果; 从半泽直树"以牙还牙, 加倍奉还"的台词金句 ②, 假设他在麦当劳工作会如何套用这句台词……这种 what if 类型的混合段子, 被黄子华运用得非常纯熟。

3. 熟练使用类比推理式的段子

这是黄子华栋笃笑的精华所在, 熟悉他的观众应该对他这些内容如数家珍, 我就不在这里举例了。

---

① 编者注: 特指香港自2009年起实行的塑料袋征费计划, 费用曾由5角港币涨至1港币。

② 编者注:《半泽直树》是大热日本金融剧, 目前已播出2部。主要讲述了在日本泡沫经济时期, 银行职员半泽直树在职场经历了各派系斗争、不公和腐败, 依然坚持自己的信念, 不惜与高层对抗的故事。半泽直树的著名金句是"以牙还牙, 加倍奉还"。

黄子华，无疑是一名很有真本事的脱口秀演员。不过，他在这次演出里对纯技巧的运用其实已经大大减少，在笑点的设置上，很"爆"的梗不多，观众的热烈反应主要来自对他的表演和个人魅力的认同。这种现象可以用逗伴脱口秀演员小猪的一段话来作为总结：

艺术创作者在年轻的时候追求技巧，尤其在三十到四十岁之间，四十出头时技巧到达巅峰，其后开始走心或讲情怀。我只告诉你我眼中的世界，只去讨好喜欢我的人，让你能从我的世界里找到你自己。

喜剧俱乐部

外卖脱口秀

"欢迎来到'外卖脱口秀'开放麦，这里是由美籍华人Jami Gong在纽约创立的脱口秀组织，全球第一家普通话脱口秀俱乐部……"身材瘦削的主持人阿做站在台上，用夸张的语调念出这段被重复了无数次的开场白。

这里正在进行的是一种国外流行的脱口秀训练活动，名字叫"开放麦"，翻译自英文Open Mic。这种活动每次有一个主持人，几名预约好的演员轮流上台，给现场观众表演自己新创作的段子。甚至有时候，观众里也会有人即兴上台表演一段。从2009年开始，几乎每周四晚上，这个叫"外卖脱口秀"的俱乐部都会在深圳华侨城创意园举办开放麦。虽然每次的主持人都不一样，但开场白必然会有上面这几句话。

Jami Gong是深圳外卖脱口秀俱乐部一个绕不开的名字，几乎每一位会员和观众都听过这个名字，但真正见过Jami的却没有几人。

Jami从2007年开始经营香港第一家脱口秀俱乐部TakeOut Comedy，地址在中环SOHO伊利近街34号。这是一个中英双语的俱乐部，每周有数场英文和中文的表演。关于Jami的故事很多。维基百科上有他的页面，黄西在其自传《黄瓜的黄，西瓜的西》里也提到了Jami在纽约唐人街举办脱口秀巡演的故事。对于深圳的会员们来说，有这样一个耳熟能详的故事：Jami从高中就开始练习脱口秀，在美国也从事脱口秀多年，但一次信心满满的演出却遭遇了冷场，观众席完全没有笑声，他自此一蹶不振，整整七年没有再讲脱口秀，直到在回香港看望病危的外婆的飞机上，他才解除了心结，在香港重新开始了脱口秀事业。

俱乐部的老会员，特别是创始人邹澍，经常给新人们讲这个故事，每次讲完后他都会这样总结："玩脱口秀要不怕打击，需要走过失败，认为自己彻底不行，才能成功。"

这个故事确实激励了一部分会员，我就是其中一个。我第一次登上开放麦就遭遇了巨大的冷场，接下来好几周坚持连续登台，一直到第七次，才获得一点儿真正的笑声和掌声。这种跌到谷底又重新振作的故事对我来说是一种很好的安慰。外卖俱乐部有时会组织一些会员到香港的TakeOut Comedy 俱乐部观看粤语栋笃笑演出，相互交流经验。我在第二次去香港交流的时候，终于见到了传说中的人物 Jami。

当时的 Jami 四十岁左右，是一个大光头，个子很高。由于在美国长大，他跟我们基本只说英文，语速快得让人窒息。当你已经习惯了他的快速的美国英语时，他却忽然来一句粤语；当你正准备转回中文频道的时候，他已经哗啦哗啦地又讲了一堆英语。

香港 TakeOut Comedy 俱乐部的演员都习惯叫 Jami "老板"，但这位老板很辛苦，每场演出都要忙前忙后。开场前调试麦克风，调整观众座椅，跟演员交代各种事项，一边说一边用眼角余光瞄着全场，看到任何一个陌生人向他走来，第一反应就是指着狭窄的楼梯说："洗手间在楼上！"到演出临近结束，他就会拿着一个巨大的木碗走上台，大声宣布抽奖规则，几位幸运观众的奖品一般是下一次演出的免费票。

香港的脱口秀演出跟深圳的不同，一晚上会演两场。当第一场结束，观众开始散去时，正是 Jami 最忙的时候。除了要重复之前做过的所有事情，他还要忙着检查刚才的观众有没有把啤酒洒在地上，有的话还要自己拿个地拖去拖干净。我第一次跟这位传奇人物说话的时候，他就是一边拖地一边跟我寒暄的。

我觉得很不可思议，一个俱乐部的老板兼演员，用得着这样亲力亲为吗？后来，我看多了国外的脱口秀剧集和一些纪录片，看到那些喜剧俱乐部的老板甚至要亲自站在门口吆喝，拉客人进去听脱口秀，才觉得 Jami 的做法再正常不过。黄西在自传里说过一个有趣的故事：最初在美国练习脱口秀的那段时间里，他每天晚上去不同的俱乐部争取上场表演的机会，俱乐部老板不但不给他这样的新人任何报酬，还要求他至少要拉两个客人进来消费才可以登台表演。在 Jami 的俱乐部里，他同样不给演员们任何报酬，理由和美国俱乐部老板是一样的：我提供了一个练习的舞台给你，你的报酬就是在舞台上的锻炼时间，以及我为你找来的观众。

在 2012 年前后，很多对脱口秀行业不了解的人，在听说我们会登台表演，特别是听说还会卖门票的时候，都会打听我们一场演出能得到多少报酬，当听到我们没有一分钱拿时都将信将疑。其实，这种事在国内外都是一样的。不管是老外的酒吧俱乐部，还是国内的相声园子和这种类似沙龙空间一样的俱乐部小剧场，在你技艺未精时，别人给你提供了一个练习的舞台，最关键的，给你提供的是一群活生生的、有反馈的观众，不要说报酬了，很多人是愿意付钱来获得这样一个登台机会的。黄西在美国的付钱方式是给酒吧拉生意，外卖脱口秀的会员是通过交会费获得表演机会。有一些极度狂热的演员，甚至还会坐火车、坐飞机到外地的俱乐部去参加开放麦。

从 2014 年开始，可能是出于票房的考虑，Jami 停止了俱乐部的粤语栋笃笑表演。每周演出的次数并没有减少，但全部都是英文的表演。曾经驻场表演的粤语脱口秀演员在头牌演员 Vivek 的带领下，成立了一个新的俱乐部。

邹澍是一名工科生，毕业后在深圳的一间工厂里当工程师，业余时间加入了 Toastmasters 英文演讲俱乐部。2009 年，在主持俱乐部的一次活动时，他的口才吸引了来深圳考察脱口秀发展情况的 Jami。Jami 跟邹澍交谈过后，力劝他放弃那份无聊的工作，去做脱口秀这个"最有趣"的职业。邹澍被打动了，在 Jami 的鼓励和指导下，加上极具商业头脑的大学同学阿毛的协助，2009 年 5 月，他们把俱乐部的大旗竖了起来。他们创办的公司名叫幻想时代，除了脱口秀，公司业务还涉足微电影、演讲俱乐部等文化产业。Jami

把 TakeOut Comedy 的中文招牌授权给了邹澍，在内地经营的这家俱乐部取名"外卖脱口秀"。

在演员方面，邹澍和阿毛找到了也 So。也 So 也是一名理工男，毕业后来到深圳工作，因为参加 Toastmasters 而认识了邹澍。在接触这两个人之前，也 So 甚至没有听说过脱口秀，但他在俱乐部中的幽默演讲表现很突出，邹澍劝他尝试脱口秀。三人接触的第一个脱口秀表演视频是许冠文的《鬼马栋笃笑》，他们都为这种表演形式所震撼，从没想过一个人在台上说话还可以这么有趣，于是满腔热血地筹划了起来。

外卖脱口秀很快聚集了一批有才华的脱口秀爱好者。在一年多的时间里，俱乐部就已经在酒吧、社区、大学和企业进行了多次表演，并被深圳的媒体争相报道，其中也 So 等主力演员甚至接受了香港媒体的专访。2011 年，外卖脱口秀登上了深圳大剧院的大舞台，来到了发展的巅峰期。

虽然口碑不错，每次演出观众的反应也很热烈，但外卖脱口秀一直没赚到什么钱，有不少演出甚至是公益性质的。深圳的演出市场跟北京、上海、广州等城市相比还是很小的，市民也没有养成周末看现场演出的习惯。叫好不叫座的局面慢慢地打击着大家的热情，创业伙伴一一离去，最后只剩下邹澍和阿毛。邹澍的想法是以俱乐部会员制为重心维持运营，尽量减少赚不到钱的商演次数；阿毛和也So的想法与他的刚好相反，他们想继续加强商业演出的投入。大家的分歧逐渐变多，在公司的运营资金耗尽的情况下，幻想时代公司就如它的名字一样，变成了一个幻想，最终解散了。

2012年，邹澍自己注册了一家新公司，继续按照他的理念来招收会员和运营俱乐部。他在深圳华侨城创意园租了一个新场地，白天当办公室，晚上当剧场，每周风雨不改地举办开放麦。几名新老会员轮流登上小舞台，一个人，一支麦克风，在6分钟的时间里面对十几名观众尽情表演。有时候，演员表演得汗流浃背，台下却鸦雀无声；有时候，一个不经意的段子却引爆一屋子的欢笑。

2014年之前讲脱口秀的深圳演员跟外卖脱口秀都有或多或少的关系，也So、小猪、程璐、梁海源、老超、小马和阿做都是在俱乐部成立的前两年加入的，并成为俱乐部早期的核心演员；随后第二批加入的有三弟、洛宾、牙签、银教授。2013年，逗伴脱口秀成立的时候带走了大部分的核心演员。2014年，张博洋和营营（李亚）刚起步的时候，也在外卖脱口秀待了差不多一年的时间。这些人直到今天，依然活跃在脱口秀的舞台上。

我不清楚外卖脱口秀真正停止运营的日期，因为邹澍后来把俱乐部悄悄地改名为"呼声脱口秀"。又过了一段时间，呼声脱口秀也停止了运营，邹澍似乎也从脱口秀舞台淡出了一段时间。直到 2019 年，他才慢慢重回舞台，不再自己经营俱乐部，而是签约了深圳的一家俱乐部，继续登台演出。

脱口秀是一场长跑比赛。无论观众对跑者持什么态度，就算他们中间跑偏了方向，甚至停下休息了，只要还能回到跑道上，那他们的比赛就还没有结束。

让我们都继续奔跑吧！

喜剧俱乐部

笑道和北脱

说到内地最早的脱口秀俱乐部，深圳的外卖脱口秀是公认的第一家，成立于 2009 年。但第二家俱乐部是谁？是上海的笑道文化，还是北京脱口秀俱乐部？很难有一个定论。

上海的笑道文化

这二者中，我最先接触的是上海的笑道文化。

从 2012 年起，我在深圳的外卖脱口秀规律地练习脱口秀，经常听俱乐部的骨干成员也 So 和程璐说起上海笑道，说他们开放麦举办得很频繁，经常有商演，有些演员的水平很高。也 So 是最早去笑道参加演出的演员，那时候他都是自费从深圳过去的，但每次回来都能给我们带来一些新的消息。比如唐突这个名字，我就是通过也 So 的讲述才知道的。也 So 说，唐突是笑道最年轻的演员，他的风格很独特，安安静静地讲段子，但抛出来的笑点就跟导弹一样，精准，而且后劲很足……每次听他说笑道故事的时候，大家眼里都闪耀着羡慕的光。受他的影响，程璐和海源也自费去笑道参加过演出。在第一次演出结束回程前，两人为了省钱，选择了从上海回深圳的绿皮火车，途中遇到恶劣天气，火车走走停停，居然用了超过 24 小时的时间才回到深圳。

笑道的主理人叫马克，是一个"海归"，上海本地人。我只见过马克一次，没什么交集，但笑道出了很多有名的人物，比如"交大一哥"史炎，在段子里自诩"上海最好的脱口秀演员"的赵兴。这两人的第一次个人专场都是在这家俱乐部完成的。"杨浦一哥"Storm 徐风暴也是在笑道开始自己的中文脱口秀生涯的。2015 年被央视纪录片频道报道的女脱口秀演员涛姐（吴涛），从出道到退役都是在笑道。就连负责笑道运营的王凯文，也在几年后加入了艺能人金广发的团队，取了艺名"略略子"，在短视频领域取得了相当不错的成绩。

在中国脱口秀发展初期最有生命力的笑道文化，却在同城的笑果文化崛起后迅速陨落了。因为跟马克不熟，我也没法了解背后真正的原因。笑道在 2016 年后尝试过转型做短视频，但没有成功。公司在 2021 年完成了清算和注销，彻底退出了历史舞台。

从笑道这家俱乐部走出了很多天赋极高但最后退出脱口秀行业的演员，容我在这里记录一下：

赵兴：离开笑道后加入了笑果文化，一度在《今晚 80 后脱口秀》里成为小有名气的卡司。但他始终没有放弃自己在大企业的高薪工作，最后还是选择了留在企业，基本退出了脱口秀舞台

吴涛：醉心于新工作，离开了上海，彻底退出了脱口秀舞台。

唐突：发现自己写稿、写剧本的收入比表演脱口秀的更高后，彻底退出了脱口秀舞台。他当过一段时间全职编剧，后来一直"佛系"地接活写稿、写剧本，成为喜剧编剧界口口相传的传奇人物。

…………

北京脱口秀俱乐部

北京脱口秀俱乐部的创办人叫西江月，记者谢梦遥曾这样描写过他："早在 2010 年，当他还是个普通的公司职员时，在看了些相关视频后就突发奇想，要投身脱口秀表演。他花

500元订下了一个酒吧，雄心勃勃地计划讲上2个小时的脱口秀，但只来了5位观众。更糟糕的是，由于语速太快与缺少互动，他只讲了40分钟，就把所有的内容讲完了。"

谢梦遥说西江月"缺少互动"，其实只道出了一个早期的信息。西江月后来有一次在演出中灵光乍现，开始跟观众有了非常深入的互动，然后他就一路沿用这种风格。有一段时间，他在北脱的演出海报里甚至称自己为"互动精灵"。多年后，看到付航、小哈和梁彦增这些演员凭借跟观众的互动视频在抖音里收获海量粉丝后，西江月十分羡慕，不止一次地跟同行们说："其实这套方法是我发明的。"

几乎所有关于北脱的文字记录都把这家俱乐部成立的时间写为2010年。实际上，这只是西江月开始尝试做脱口秀的年份，他真正推出"北京脱口秀俱乐部"这个名字是在2013年。有两件事可以证明这一点：（1）北脱的微博账号和豆瓣小站都是在2013年注册的；（2）北脱的logo是在2013年设计的，并一直用到现在。帮助北脱设计这个标志的人是冯子龙（后来的硬核喜剧的主理人），冯子龙在做完这件事后就换了工作，从北京跳槽到了深圳，加入了刚刚成立的逗伴脱口秀，真正开始了自己的脱口秀生涯。

其实，考据确切的成立年份并没有什么意义，北脱与外卖、笑道、逗伴、茄子、香蕉这些在 2009—2013 年间成立的俱乐部最大的不同在于，它至今仍然存在，还在举办演出。西江月虽然极少登台，但他仍然拥有对这家俱乐部的控制权。

北脱从 2013 年年底开始把主要演出地点定在了北京的麻雀瓦舍。在 2015 年 5 月 21 日至 23 日组织了国内第一次脱口秀喜剧节，邀请了深圳的逗伴脱口秀、外卖脱口秀，上海的茄子脱口秀。加上北脱自己，四个俱乐部齐聚北京，将喜剧节取名"首届中国脱口秀艺术节"，并在麻雀瓦舍做了四场演出。这几场热闹的演出让当时全国各地主要的民间脱口秀演员有机会聚在一起，加深交流。当时还在单干的石老板（后来的单立人喜剧的主理人）没有参与这次艺术节。那个周末，由船长和宋启瑜牵头的北京喜剧中心刚刚成立，石老板和几位来参加喜剧节的演员去参加了这个俱乐部的成立演出。

北脱组织这次脱口秀喜剧节花了很多心血，票房收入是和各个俱乐部分成的。鉴于这毕竟是民间机构自娱自乐的一次活动，售票情况并不理想。最后一场演出虽然坐满了观众，气氛也很好，但有一半以上的观众都是拿赠票进来的。最后，四家俱乐部算了一笔账，几乎每一位从外地来的演员都自掏腰包倒贴了上千元的费用，但大家都觉得很值，毕竟走出来跟各地高手同台交流的机会非常难得。虽然只是四场纯粹的演出，没有任何评比机制，但这次活动确实担得起"首届"这一称呼。可惜第二年北脱没再继续组织了，这一次喜剧节也就成了绝唱。

周奇墨也是在这次艺术节上首次为北京以外的同行所认识。与年轻演员的横空出世不同，作为当时北脱的代表演员，周奇墨在台上稳稳地完成了一次高质量的演出，但并没有一鸣惊人。北脱的小哈在这次艺术节中表现抢眼，被恒顿传媒的制作人王童相中，几个月后成为这家公司第一位签约的脱口秀演员。恒顿后来成立了"来点喜剧"厂牌，陆续签约又解约了好几位脱口秀演员。到今天，该厂牌只剩一位脱口秀演员，那就是他们签下的第一位，如今在抖音上坐拥几百万粉丝的小哈。

西江月在2016年给北脱正式注册成立了公司。次年，北脱跟刚刚成立的单立人喜剧同在北新桥的一家联合办公室里办公。一个在楼上，一个在楼下。北脱融资成功后扩展得很快，演员和制作团队签了几十号人，做了几个节目的样片，但都没有成功。很多后来成名的脱口秀演员在那时候都是北脱的签约艺人。后来公司规模逐渐缩小，演出也不太规律，有些演员直接走人了。我曾经问西江月，演员们的合约里没有违约金条款吗？西江月说有的，而且违约金挺高，但他不想阻碍大家的发展，也就不去追究了。虽然西江月很豁达，但有些演员连招呼都不打就走了，甚至有些离开后还口出恶言，他对此很介怀。也许是因为这些打击，西江月一度淡出了脱口秀圈子，全力进军网络视频了。

我跟西江月在 2015 的脱口秀艺术节后就很少联系了，只在朋友圈和北脱的公众号里关注着他的动向。有一段时间，看到他在寺庙里拍真人秀视频，差点以为他真的出家了，毕竟他一直以来就是一个大光头的形象。后来，看到他又偶尔重回脱口秀舞台做主持人，北脱的公众号和开放麦也在持续更新。虽然隐约听说北脱有一些人员变动，但北京离我实在太远了，也就没有再去打听。有缘的话，我想我们总会在江湖相见的。

喜剧俱乐部

逗伴脱口秀

　　整个 2013 年上半年，深圳只有一家脱口秀俱乐部——外卖脱口秀。但俱乐部只有开放麦，不组织商演，我们几个极度渴望商演的演员都有些按捺不住了。

　　5 月初，我发现了一个适合举办脱口秀演出的场地，叫 Mix&Match Space，这是一个开放的办公空间，位于福田长途汽车站旁边。场地的拥有者是哈蒲文化，他们对举办脱口秀演出很感兴趣，愿意免费提供场地。也 So 对这场演出的积极性很高，主动承担了演员统筹和内容打磨的工作。在 5 月的某一天晚上，我们七八个演员聚集在哈蒲文化，敲定了演员阵容和演出名称——"我把 XX 献给你"。但在准备的过程中，大家发现场地的灯光、椅子和舞台都有很大的问题，而且哈蒲文化的配合也不太积极。某天晚上，也 So 和阿毛（外卖脱口秀的创始人之一，当时已离职）去了车公庙的红糖罐酒吧，发现那里挺适合演出的，而且酒吧老板和阿毛认识。来回谈了几次后，我们决定把演出的场地换到红糖罐，时间定在 7 月 21 日。

"我把 XX 献给你"的演出还算成功。那天的主持人是程璐，我是第一个出场的演员，后面分别是小猪、三弟、梁海源和也 So。入场的观众人数超过了 100，现场的热烈反应也超出了我们的预期。上海茄子脱口秀的刘洪伟（后来的漫才组合"橙色预警"的成员）趁着出差的机会来看了演出，边看边喝了两扎啤酒。演员抛出了一个个笑点，他笑得前仰后合，搞得很多观众在演出结束后都要过来看看这个"大笑哥"是谁。深圳电台交通频率的著名主持人田丁也来看了演出，回去还发了一条长微博盛赞我们。

这次演出的主办方是饺子喜剧，这是也 So 和阿毛在2012 年年底离开外卖脱口秀后创立的厂牌，这场也算是他们的第一次演出。然而，大家对饺子喜剧的运作方式产生了很大的疑问，因为他们似乎只属于也 So 和阿毛这两个主理人，其他人只是他们请来演出的演员。有意思的是，十年后，几乎全国所有的喜剧俱乐部采用的都是这种模式，但当时的我们是接受不了的。在 8 月初的一个晚上，程璐、思文、梁海源、三弟和晴空把我约了出来，表达了对饺子喜剧的顾虑。为了应付可能发生的变故，他们已经注册了一个叫"逗伴脱口秀"的微博，希望我能参与到这个组织的运作上来。在他们看来，我的工作能力强，阅历丰富，懂脱口秀，是最适合的带头人人选。

老实说，那时候我对这几个人不是很了解，也没有想过要搞一家俱乐部，但我能看出他们是真正喜爱脱口秀的。他们需要不断地有"我把 XX 献给你"这样的演出机会，而这种机会，外卖脱口秀提供不了，饺子喜剧看起来也前途莫测，最可靠的无疑就是自己。那一晚商量的结果是，我答应和大家一起做演出，一起搞新的开放麦，但对于是否竖起大旗搞逗伴脱口秀俱乐部，我没有给出明确的答案。

也 So 和阿毛并不知道这次会议，但他们觉得有必要把饺子喜剧的定位跟大家说明白。也 So 给我打了个电话，问我有什么打算。我说自己最想要的是演出机会，目标是变成一个出色的脱口秀演员，而且我觉得这应该也是他的目标。出乎意料的是，也 So 在电话里告诉我，他已经做好准备，放弃做演员的梦想，全力以赴做好饺子喜剧的事务性工作。

在后来的日子里，我好几次回想起这通电话。记得有人说过，人类的痛苦往往源自对自己错误的定位。那天在电话两头的，一个是深圳最有潜力成为脱口秀明星的，一个是深圳脱口秀圈内拥有最强事务能力的，但那晚，他们俩的梦想是成为对方那样的人。

也So第二天约晴空和程璐几个人开会讨论这件事，由于这场会议还是打着"脱口秀研习"的名义开的，当时在微博上小有名气的新人演员银教授以为能学到东西，也跑去参加了。会议开到一半，他才发现气氛不对，赶紧借口"家里失火"开溜了。

会议不了了之，下一次演出的时间日渐迫近（2013年8月25日）。为了扩大影响，我们准备借田丁的电台节目宣传这次演出，在电台里每人讲5分钟的脱口秀。去之前我们商量了一下，决定在节目里正式宣告逗伴脱口秀的成立。

那天上节目的是程璐、三弟和我，晴空和海源一起旁观。在深圳广电大厦楼下集合的时候，三弟有些感慨，她说："以前在外卖的时候我也来过电台，那时候还是也So带队的……"

"我以前在外卖的时候也来过电台，那时候还是邹澍带队的呢。"程璐说。

2013年8月19日，傍晚6点，深圳电台交通频率FM106.2的主持人田丁在他的节目《田丁会客室》里，第一次通过空气中的电波传播了"逗伴脱口秀"这个名字。

逗伴脱口秀成立后发生过一次"政变"。首先是没有把饺子喜剧的也 So 算进始创团队里,只是把他当作一名主力演员,每次邀请他过来演出。没有了演员们的支持,饺子喜剧之后再也没有举办过演出。

到了 2014 年年初,逗伴已经做了很多场商演,我们觉得有必要成立一家公司了。在谈股份分配的时候,大家都有不同的意见。最后我跟程璐、海源商量,决定新成立的公司由我们三人当股东,其他人作为演出领取劳务报酬的演员(这和饺子喜剧当初的想法一样!)。这一决定导致晴空离开了团队,因为她并不是演员,从逗伴成立开始她承担的是运营方面的工作,在还没有盈利的情况下,做运营工作确实看不到太好的前景。

理清了内部关系的逗伴开始快速发展。2014 年,我们在福田文化馆能容纳 250 人的音乐馆里举办了多场演出,邀请了大山、毕瀚生和 Tony Chou 等北京的演员一起参与。2015 年,演出搬到了更大的南山文体中心剧院的小剧场里,那里能容纳 350 名观众。那一年,我们邀请过不少外地的演员来深圳演出,包括石老板、毕瀚生和赵兴等,甚至大山的第一次个人专场都是在南山文体中心剧院的小剧场里举办的，由我担任制作人，程璐、海源帮他主持和热场。2015年下半年，我们甚至做到了每周都有一场小型演出的程度。

2015年年底，我、海源、程璐和思文都签约了笑果文化，也So和小猪签约了恒顿传媒，我们都将搬到上海工作，而三弟已经早我们一年加盟了上海的茄子脱口秀。逗伴初创团队的主力几乎全部离开了深圳。我们用逗伴脱口秀的公众号发了一篇文章，回顾了逗伴脱口秀成立以来的所有正式演出，宣布2015年12月18日在南山文体中心剧院举办的演出将是逗伴脱口秀的最后一场。

不过，依然有不少演员留在深圳，他们从2016年开始继续用逗伴脱口秀的名义表演。虽然半年后张博洋、子龙和牙签也去了上海加入笑果文化，但在逗伴成立后才加入的中生代演员皮球和单水担起了重任。整个2016年，逗伴的开放麦和演出依然保持了上一年的势头。到了2017年，皮球也加入了笑果文化，在深圳用"噗哧×逗伴"的名义举办演出（噗哧是笑果早期用于线下演出的厂牌）；单水则离开逗伴，创立了自己的厂牌，慢慢就没人再用逗伴的名义做演出了。最后一场以逗伴脱口秀的名义举办的演出定格在2019年5月31日。

"逗伴脱口秀"的微博是程璐注册的，2019年8月起也停更了，只有微信公众号一直在更新。我作为公众号的持有人，把运营管理权授权给了逗伴的几位老成员，只要是与喜剧相关的信息，大家都可以通过这个号来发布。所以，从2019年开始，公众号时不时会发一些看起来奇奇怪怪的内容，比如我的播客音频"说的全是梗"、牙签的喜剧培训班招生信息，以及演员老超（超音速）的一系列名为"龙岗河"的非主流喜剧散文。

虽然逗伴脱口秀当初确立了股权分配，还设计了商标，但因为不舍得出钱找代理机构，公司和商标迟迟没有注册下来。几位主力加入笑果后，更是完全停止了注册的工作。单水在2017年创业的时候，我曾建议他使用逗伴脱口秀的品牌，但他没有采纳。到了2020年，我和上海的喜剧联盒国在深圳合办演出时，才发现逗伴脱口秀的名字在2018年被一家公司抢注了！对方的商标和文字跟我们的完全一样，还额外申请了一个保护性商标"逗伴脱口禾"……尽管如此，我依然用"喜剧联盒国 × 逗伴脱口秀"的名义做了一年的演出。后来觉得这实在是为他人作嫁衣裳，也存在一定的商业风险，到了2021年下半年也就不再坚持了，仅用喜剧联盒国的名义在深圳举办演出。

很多逗伴老演员都想过，将来有没有可能把逗伴脱口秀的商标抢回并重新注册。我甚至通过商标代理机构联系上了抢注的那家公司，但对方却无意出售，并且警告我们不要再使用逗伴脱口秀这个名字……至此，逗伴脱口秀对于我们来说，已经完成了它的历史使命。2022 年 12 月，我把逗伴脱口秀的公众号更名为"全是梗喜剧"，"全是梗"也是我自己新注册的公司名字。

　　谢谢你们，曾经同路的逗伴脱口秀的伙伴们。如今我们都有了自己的舞台，让我们各自发光吧！

行业

开放麦的故事

　　开放麦是英文 Open Mic 或 Open Mike 的中文翻译，它是全世界脱口秀爱好者练习脱口秀的最常见的形式。新创作的段子一定要拿到舞台上给陌生的观众表演，才能验证它是否真的好笑。当然，也有些演员不怎么参加开放麦，段子创作出来后只需要默念几遍，就能拿去正式演出并获得"爆笑"的效果，这种人可以算是天才，但实属罕见。

　　开放麦通常都在室内场所举办，比如酒吧、咖啡厅或会议室。每次有一名主持人和几位演员登台，他们在活动前就报好了名，然后按照主持人安排的顺序轮流上台讲几分钟段子。开放麦的观众大多数都是脱口秀爱好者，他们来参加活动的主要目的是听演员们的新段子。如果在酒吧举行开放麦，一些碰巧来酒吧消费的顾客也会参与进来，但这种情况在中国并不多见。

逗伴脱口秀在2013年8月成立，始创成员包括洛宾、程璐、梁海源、思文、三弟、小猪、老超、牙签、也So、银教授、晴空。俱乐部成立以后，急需一个合适的场地举行开放麦，为了办好开放麦，逗伴脱口秀走了不少弯路——这样的弯路，几乎每一个中国的脱口秀俱乐部都走过。以下就是逗伴脱口秀从第一场开放麦到最后一场开放麦的故事。

沫儿吧

在深圳上梅林雕塑家园小区里有一家叫"沫儿吧"的咖啡吧，老板大魔很欢迎我们去那里办开放麦，我们去看了场地，觉得挺合适的。沫儿吧里没有现成的舞台，我们在淘宝上买了两块塑料地台板，拼起来当舞台；每人又凑了200元去宜家买了50把折叠椅；为了让活动有背景音乐，我们还买了一个简单的调音台。

沫儿吧的第一次开放麦活动就迎来了高潮，深圳电台的主持人田丁登台献出了他的脱口秀处女秀，几位电台的同事还为他准备了鲜花。有了如此美好的开端，我们铆足了劲儿要在这里办全国最好的开放麦。最终，我们在沫儿吧举办了五场开放麦，然后就被迫搬走了。

　　我们在沫儿吧举办开放麦之前，其实已经在那里做过一场小型的脱口秀演出，隐患就是在那时埋下的。那天演出开始前，观众已经来了一半，演员都在酒吧唯一的包间里做准备。沫儿吧的另一个老板，带着几个穿着球衣的客人进来，说他们很早以前就订好了这个包间，要来看球赛直播。我曾经也是一个狂热的球迷，知道在演出的过程中有人看球会是一件多么不靠谱的事——这个包间与外面的舞台仅仅隔着一层薄薄的透明玻璃门，别说欢呼喝彩声了，光是电视发出的光就足以严重影响演出的效果。

　　我赶紧打电话给已经下班回家的大魔，让他出面帮忙解决这件事。大魔从家里赶过来，给他们在咖啡吧外面弄了用来投影的大幕布，还请他们免费喝酒，才算勉强摆平了这件事。在后来的几次活动中，这位老板处处跟我们作对，大魔不得不坦承，这个店并不全是他说了算，还有好几位这样的合伙人，他需要照顾各方的利益。

　　在这样磕磕碰碰的合作中，大家都觉得不痛快。沫儿吧为了招徕顾客，不断地增加花样，比如在店里增加烧烤设备——不得不惊叹国内咖啡业竞争之激烈，在这样的咖啡店，你可以点一杯卡布奇诺，搭配五串羊肉串，然后在网上点评他们家的咖啡"油脂很丰富"。当大魔告诉我们店里准备增加一张台球桌时，我知道大家的合作已经走到了尽头。演员牙签调侃说："看来沫儿吧为了赶走我们，花了不少冤枉钱。"

红糖罐

沫儿吧之后，逗伴的开放麦不得不暂停了两周。正当我们为场地犯愁的时候，有人提出，为什么不回车公庙红糖罐酒吧试试呢？毕竟逗伴的第一场演出就是在那里举行的。我们尝试联系了红糖罐的老板牛哥，他很欢迎我们回去举办开放麦。

红糖罐酒吧是深圳有名的地下乐队演出基地，我们之前在那里的两次演出虽然都很成功，但牛哥的热情并不是很大。脱口秀演出的门票收入跟一支小型乐队的差不多，但要搬动桌椅布置场地，准备与整理工作要多花很多工夫。那两次商演以后，大家都没有再考虑在红糖罐继续举办没有收入的开放麦。牛哥这次欢迎我们回去，可能是看到我们的口碑还算不错，愿意再尝试一下。

我们在红糖罐的开放麦大约持续了半年，效果并不理想，主要是观众太少，而且那里的舞台实在太高，观众的体验也不好。在红糖罐表演的几个月里，开放麦的气氛都不太热烈，演员的热情也始终提不起来。

喜年中心

从 2014 年 2 月开始，我们在车公庙的喜年中心通过《手把手教你玩脱口秀》这本英文原版书，为脱口秀爱好者举办了免费的培训活动。我们发现这个地方也适合举办开放麦，租金便宜，两小时 240 元，参加者每人顶多交 20 元就够了。在 6 月至 7 月的这段时间，我们把开放麦从红糖罐搬到了喜年中心 A 座四楼的花蕊室进行。

我们在喜年中心的开放麦甚至没有留下一张照片，唯一的影像记录是 2014 年 6 月 1 日我们在这里为微博段子手银教授（他也曾是一名脱口秀演员）举办的一场吐槽大会。

地王大厦

喜年中心的场地虽然不错，但参加开放麦的人还是不多。后来我们找到了一个不缺观众的场地，深圳的地标、旅游观光景点——深圳地王大厦。从 2014 年 8 月开始，在曾经的深圳第一高楼地王大厦（高约 384 米）的 69 层顶楼（我们曾经很认真地考虑是否要叫"69 开放麦"），我们把这里办成了"世界第一高端开放麦"，活动时间也改成了周六。地王是我们合作过的最友善的合作方，给我们提供了很多的方便，还改善了音响，加装了灯光、幕布、舞台等等。唯一不太友善的是观众，他们都是来观光的游客，逛累了进来歇会儿，顺便看看脱口秀。如果演员的表演不够精彩，他们抬脚就走。有时候坐得满满当当的观众，听了几分钟之后就哗啦啦地走掉了一大半，这种刺激的滋味，演员没有强大的心理承受能力还真的无法消受。

福田白领 e 家

2015 年年底，开放麦的观众"二大爷"给我们介绍了一个新地方，位于深圳黄金地段购物公园 COCO Park 三楼的白领 e 家。这里的交通非常方便，场地条件也很适合举办开放麦，而且这是政府的场地，可以免费提供给我们组织公益活动。于是，从 2015 年 12 月开始，除了周六的地王开放麦，逗伴脱口秀每周一晚上还在福田白领 e 家增开了一个开放麦。在深圳这个寸土寸金的地方，我们做到了每周两次固定的开放麦活动。一群追求梦想的人，吸引了更多追梦者一起奔跑。

色界咖啡厅和种子社区

福田白领 e 家的开放麦组织了半年，由于跟主办方在场地的使用方式上产生了分歧，不得不停止。逗伴在一段时间里只剩下地王开放麦。由于地王大厦是景区，本地的普通观众很难参加（要么办一张年卡，要么每次买 60 元的观光门票，这成本实在太高了）。并且每次来看的都是观光客，人数虽然不少，但绝大部分都不是开放麦的真正受众。对于开放麦新人来说，来自观众的压力实在太大了。2016 年，逗伴尝试在两个新的场地组织开放麦，一个是华侨城创意园北区的色界咖啡厅，一个是深圳大学北门地铁站旁的种子社区。很可惜，这两个地方都没能找到足够的观众，运营了一段时间后也停掉了。只剩下地王开放麦仍在坚持。

噗哧 × 逗伴开放麦

2017 年 6 月，逗伴的演员皮球加入了笑果文化，成为笑果线下演出品牌"噗哧脱口秀"派驻深圳的代表。噗哧和逗伴一起，在南山华侨城创意文化园北区 B5 栋 502 建立了一个新的开放麦，名为"噗哧 × 逗伴开放麦"。

从 2018 年开始，深圳地区的开放麦逐渐不再使用"逗伴脱口秀"的名义了，噗哧脱口秀更名为"无忧喜剧"；逗伴的演员单水2017年创办了智同笑合喜剧，用了很多不同的名字举办开放麦；逗伴的演员冯子龙自2019年开始用"硬核喜剧"的名义举办开放麦。再也没有人用逗伴脱口秀的名义举办开放麦，但深圳的开放麦已经遍地开花。

逗伴 × 喜剧联盒国开放麦

2020年8月，我重拾"逗伴脱口秀"的厂牌，与来自上海的"喜剧联盒国"合办演出。从9月开始，暌违两年的逗伴开放麦终于又回来了！每周一晚上7点，在位于深圳福田区车公庙的新楚记烧烤店里，店主特意辟出了一块独立的空间，安装了遮光布帘，购买了射灯和音响，为逗伴 × 喜剧联盒国的开放麦提供了各种支持，甚至在演出结束后，如果演员和观众留下来消费，还享有赠送的饮品或折扣。"脱口秀 × 烧烤"让逗伴又开辟了一条新路！然而，这条路走了三个月之后，因为场地环境始终不如人意，烧烤店的开放麦又夭折了。半年后，我想去新楚记消费，才发现烧烤店也已经倒闭。

从2020年10月起，逗伴开始在福田区鼎和大厦21楼的中庭举办开放麦，足足坚持了半年之久。

　　从 2021 年 7 月开始，逗伴在福田 CBD 的平安金融中心三楼的安云艺术中心，每周二组织爱好者们举办开放麦活动。每周三在福田区金田南路时代广场一楼的 CMY 酒吧，每周五在罗湖香格里拉酒店的冠军酒吧。看起来很热闹，但这三个场地也只是坚持了几个月就相继停止了。

　　从 2021 年年底开始，逗伴的开放麦搬到了福田区财富大厦的大湾区高尔夫球店，以及岗厦地铁口的贝拉斯酒屋里举办。到了 2022 年，高尔夫球店和贝拉斯酒屋也倒闭了……

　　从此以后，再没有人用逗伴脱口秀的名义举办过开放麦。还好，开放麦在全国已经满地生花。只要你愿意练习，总能找到你的开放麦。

2013

崛起前夜

人物

谢梦遥

谢梦遥是中文媒体里写过最多脱口秀文章的记者，他写过的对象包括黄西、王自健、李诞、周奇墨、杨笠、笑果、单立人……如果你想了解一个最当红的脱口秀演员，去他担任主笔的《人物》杂志公众号搜一搜名字，基本上都能找到关于这个演员的文章——如果找不到，说明这人可能还不够"红"。这些文章的作者，十有八九就是谢梦遥。

谢梦遥的第一篇脱口秀特稿是 2015 年 5 月发表在《亚洲周刊》上的《脱口秀进入中国：勇敢者的游戏》。我也是从这篇文章开始认识他的。

2013 年的夏天，逗伴脱口秀刚成立，在深圳车公庙的红糖罐酒吧里定期举办开放麦。某个周四的晚上，我担任主持人，那天的观众寥寥无几，第一排坐着一位二十多岁的年轻人，穿着一件胸口印着 HARVARD 字样的 T 恤，我问他是不是真的哈佛大学毕业生，他尴尬地笑了笑，说这只是买来穿的衣服。我抓住这个难得的笑点，调侃他爱慕虚荣，后面的几位演员也持续地拿这个点来开涮，整晚的气氛还算不错。开放麦结束后，"哈佛"年轻人留下来跟我聊天，他做了自我介绍，叫莫敢，是香港《亚洲周刊》杂志的特稿记者。过了好久我才知道，莫敢是他在社交媒体上的名字，也是他的英文名 Morgan 的音译，他发表文章用的都是真名：谢梦遥。我当时既没有听说过《亚洲周刊》，也不知道什么是特稿，但觉得他既然是记者，说不定能帮我们宣传，就把程璐和梁海源几人都叫了过来，大家一起坐在红糖罐门口聊了差不多一个小时。

过了一个多月，我联系莫敢，他说稿子还没写出来，我觉得这人不太像个正经的记者，哪有记者一篇稿子写一两个月还没写出来的。但莫敢依然对我们很感兴趣，听说我们那时候每周都要去香港录制《夜夜谈》，就跟我们约好，在回深圳路上必经的九龙塘站的又一城商场里再见一面，继续深入采访。那次跟他见面聊的是什么我不记得了，唯一记得的是见面的地点——又一城顶楼的麦当劳。当时一起去的还有程璐和梁海源，我们理所当然地以为资本社会大杂志的记者会请我们在某个安静的餐厅好好吃一顿饭，认真地听一听我们的故事，没想到地点却是人声鼎沸的麦当劳。我们各自买了汉堡、可乐，扯着嗓子聊了一个小时。

跟莫敢道别后，我跟程璐和梁海源互相对望了一眼，我问："你们喜欢吃麦当劳吗？"他俩摇了摇头："今晚不喜欢。"

接下来的一年，除了偶尔需要给莫敢推一推脱口秀演员的微信，我们都没怎么联系，我也没再惦记那篇特稿。不过莫敢在我心中的印象很快得到了改观，因为2014年年底，他写了几篇有很大影响力的社会新闻稿，杨锦麟老师知道我认识谢梦遥，托我问他愿不愿意到《夜夜谈》节目里聊一聊。但谢婉拒了，他说他只想讲别人的故事，自己的没什么好讲的。

莫敢的第一篇脱口秀特稿花了两年时间，终于在2015年5月发表了，标题叫《脱口秀进入中国：勇敢者的游戏》，时间刚好是北京的脱口秀艺术节第一天。非常凑巧的是，在同一天，《纽约时报》中文版也发表了一篇以黄西为主角的介绍中国脱口秀的文章。

得益于《吐槽大会第一季》的成功，报道中国脱口秀发展的文章从2017年开始变得越来越多，莫敢后来离开了香港《亚洲周刊》，回到北京担任《人物》杂志的主笔。他写的第二篇脱口秀特稿是关于《吐槽大会》的，之后越写越多。在社交媒体上，莫敢是一个看起来有点狂的人，时不时在深夜发一些"打败同题"的豪言壮语。虽然说文无第一，但至少在脱口秀领域，演员们都以能被他写进文章里为荣。

私底下的莫敢喜欢酒、美食、嘻哈和篮球。我们在上海喝了几次酒，跟他的文章相比，他对酒的"品味"让人不敢恭维。我们前几次请他吃夜宵和喝酒的地方都让他很不满意，他说喝的酒和吃的东西都太高端了，感觉不痛快。后来有一次，他特意说明他请客，地方由他来选：上海万寿路的一家小龙虾店。这家店面非常小，我们坐在只能放下两张桌子的二楼，站起来头都快顶到天花板了。但莫敢吃得很开心，点了很多他最喜欢的油焖小龙虾，那是用他最喜欢的，用很干的、没什么汁水的方法焖制而成的。我们四个人喝了三十多瓶啤酒，都是他最喜欢的大绿棒子。看着他开心的样子，大家都敞开了心扉，聊了很多平时不会说的内容。也许是因为记者特别善于提问和倾听，或者是莫敢特意说明了那天晚上不聊工作，任何内容都不会被写到稿子里去，所以我跟他聊了很多从没对别人说的话，最后甚至在酒桌上痛哭流涕。从此以后，我越发痛恨廉价又容易让人喝醉煽情的大绿棒子啤酒，能不喝就不喝，除非没有别的选择。

　　其实我犹豫了很久，要不要为谢梦遥在书里单独写一章。犹豫的原因之一，是我觉得自己这个业余的写作者去书写一位著名的特稿作者，似乎很不自量力。第二个原因，是我真的没有跟他深入地接触过，能写的素材也不多。不敢跟谢梦遥混得太熟，也是因为我心里总留着一个奢望，希望有一天能等到他来写我的故事。如果在那一天之前我们关系太好，我会担心他只是出于友情才来为我动笔……

人物

程璐

　　我在 2012 年刚开始讲脱口秀的时候并没有注意到程璐，他那时已经算是俱乐部的台柱之一了，但因为我们几乎没有商演，每次都是开放麦，每次都在试新段子，所以看不出来他有多厉害。我刚开始的几次开放麦都手忙脚乱的，上台前拼命背稿子，上台时紧张万分，下台后忙着懊悔。俱乐部里面谁比较厉害，谁比较老练，我几乎完全没有印象。最初几个月，我对程璐的印象是这个瘦小的男人喜欢穿紧身的时尚衬衫和西裤，衬衫扎到裤子里，每天穿的都是皮鞋，有点儿像夜店的公关。

　　对程璐印象的改变是我第一次在开放麦讲了一个有效的段子，真正把观众逗笑了的时候。开放麦结束后，我一如既往地匆匆离开，程璐忽然叫住了我，说："洛宾今晚的段子不错，继续努力啊。"我不好意思地笑了笑，心想，这人还挺有眼光的。

讲了几个月后，我的进步被俱乐部看到了，于是获得了第一次商演的机会。那时候的商演是真的少，一两个月才有一场，所以我特别珍惜那次机会，上台前反复排练了很多遍。那场演出，我和程璐在过了好多年后还记得。

那天的主持人是梁海源，他那时候还处于一上台就非常紧张的阶段。上台之前，我看到他在喝啤酒，心想这家伙范儿好足啊，生活习惯跟欧美的艺人一样，喝了酒才上台表演。很久之后我才发现，梁海源根本不会喝酒！他那天只是特别紧张，刚好俱乐部的冰箱里有啤酒，他就拿了一罐来喝，以为这样可以缓解紧张。结果那天他在主持的时候依然很紧张，带着酒气在台上不停地"吃螺丝"，一句话说两三遍。偏偏那天我带了老婆去看演出。轮到我上场的时候，因为前面的演员演出的效果不是很好，梁海源本想多讲几个段子热热场，结果我老婆在最后一排吼道："下一个！"这一吼让全场都爆笑起来，梁海源一哆嗦，赶紧介绍我上场。我上去自嘲了一下："对不起啊，刚才吼那一声的是我老婆。她一般不来的，今天来就是想看看我每天晚上出去玩的俱乐部，究竟是不是真的只是讲脱口秀的。老婆，你现在信了吧？"这个开场白可以算得上我职业生涯效果最好的开场之一，全场爆笑。然后，一种奇特的气氛开始在场子里蔓延开，面对我后面讲的每一个平平无奇的段子，甚至只是一举手一投足，观众都在笑，都在乐。我完成了一场回味至今的个人首秀！

紧接着上场的是程璐，他的表演也是掀翻屋顶一般的好，那一场我才真正领略到他的功力。那天结束后，我们留在场子里聊天，我以为每场商演差不多都是这种效果，没想到程璐说："今晚神了！洛宾把场子点燃之后，我们每个人都炸场了！整场一直嗨到了结束。"

这场效果惊人的演出，我和程璐在很多年后聊天时还会提起，后来我们翻译了《手把手教你玩脱口秀》那本书，书里讲到演员与观众的关系，就像非洲鼓的鼓手与舞者的关系。我们都隐约觉得，我们那天晚上确实打响了非洲鼓，还引领了群舞。海源对这一场也印象深刻，他过了很多年还会说："洛宾，你老婆居然敢吼我下场！"

那段时间，我对脱口秀一直没有燃起很大的热情。虽然每周都去，但都是讲完就走，不讨论，不复盘，不参加改稿会，跟俱乐部的每一个人都保持淡如水的君子之交。唯一让我激动的一次，是有一次开放麦来了一位叫思文的女观众，她在最后上台，试讲了一段，模仿了前面几位表演僵硬的演员，让场子一下子热了起来。开放麦结束之后，大家都兴奋地围着这位女观众聊天，她也表示有兴趣继续来开放麦玩，但一听说还要交会员费，就露出了犹豫的神情。我跟现场的几个骨干会员说："这个人很有潜力哎，我们帮她凑齐会员费交了，让她继续来吧。"

虽然没人愿意凑钱，但思文还是继续来了，还选择程璐当了她的导师。几个月后，我知道程璐和思文已经成为男女朋友之后，第一反应就是：嘿，"夜店的公关"还真的会讨女生喜欢啊。

我和程璐的友谊在我们认识一年后才算是正式开始。那段时间，他、海源和也So跟俱乐部主理人邹涮闹得很不愉快，邹涮取消了他们所有的演出机会，我很久都没再见到程璐。那段时间，我的演出机会突然增加了很多，甚至被安排代替程璐去香港TakeOut Comedy参加了2012年的中文喜剧比赛。那时候我挺没心没肺的，完全不知道俱乐部发生了变故，只觉得演员变少了，自己变得比以前更积极，除了演出一场不落，还各种忙前忙后的，根本没有意识到自己成了俱乐部用来对付一些老演员的棋子。直到2013年年初的一天，程璐给我打电话说："洛宾，出来聊聊？我们打算成立一个新的俱乐部。"

我说："哇，怪不得你最近不来了。你要挖我过去演出吗？"

程璐笑了笑，说："我们想让你来当这个新俱乐部的领导。"

我说："啊……这是个段子吗？"

逗伴脱口秀成立后，我们经历了很多事情，最难忘的是我们签约笑果文化的过程。2015 年 8 月，我已经在脱口秀和编剧领域全职做了两年，但程璐和梁海源都还是兼职状态。笑果文化向我们抛来了橄榄枝，要把逗伴脱口秀的所有骨干都签下来，让我们搬到上海去工作。但是在那之前，其实已经有另一家上海的公司——恒顿传媒，提前向我们发出了邀请。那段时间我们发生了分歧，我和梁海源坚定地选择了笑果，程璐犹豫不定，而思文则坚定地要选择恒顿，因为她算过塔罗牌，恒顿才是他们两口子最适合的归宿。

最终，我们还是选择了笑果文化，选择的过程可以用"惊心动魄"来形容。2016 年春节过后，我、梁海源、程璐和思文四人都坐进了笑果文化的办公室，成为这家公司除了李诞和王建国外的第一批全职编剧。

2015 年年底，搜狐视频拿到了美国老牌喜剧节目《周六夜现场》的中文版授权。几经选择，他们把制作权交给了笑果文化，所以到了2016年3月，我和程璐跟着笑果导演组的成员一起去了纽约，在NBC的大楼里开始了为期一周的《周六夜现场》学习之旅。这次的赴美之旅本来还有一位编剧唐突要去的，但他的签证没有办成，最终成行的编剧只有我和程璐。这段旅程相当愉快，跟我们一起去学习的还有两位明星演员，刚拍完电影《煎饼侠》的大鹏和喻恩泰。

美国之行收获很大，但工作之余也很沉闷。我每天晚上都去纽约不同的脱口秀俱乐部看演出和开放麦，程璐还抽空看了几场歌剧和话剧。这些对我们来说，其实也算是工作的一部分，除此之外，几乎没有真正的娱乐活动。中间我俩去了一趟布鲁克林，什么也没看着，就在一家类似沃尔玛的超市里逛了逛。程璐买了一个ZIPPO打火机，我买了很便宜的背包，就又回酒店睡觉去了。2018年，程璐又跟着公司去了一趟美国学习，那时候我已经离开了笑果自己创业，但看到他在微信里津津有味地介绍这次的美国之行看了多少演出，去了多少有趣的秀场，看了多少场NBA时，我第一次，也是唯一一次觉得后悔离开了笑果，至少是后悔离开早了啊。

《脱口秀大会》火起来后，程璐在笑果发展得越来越好。离婚后，他的人设从"思文的老公"成功地转变成了"脱口秀领导"。我现在的演出，几乎每次开场都有一个介绍自己身份的段子，我说：我跟程璐、思文、梁海源不一样，我是他们当中唯一不改初心的，那就是至今还跟当初一样，不红。

这个段子的效果一般，但我还是坚持讲了挺长时间，不是为了贬低自己，而是我一直记得那个"初心"的故事。

在逗伴脱口秀刚创立不久，我、程璐和梁海源这三位创始人在深圳新洲的一个大排档里吃夜宵，聊到深夜，我们谈到了一个"三步走"梦想：好好创作和打磨自己的脱口秀内容，争取早日开个人专场。第一步，先在福田文化馆这种200人的场馆里开专场（福田文化馆音乐馆能容纳250人，2014年我们在那里举办了好几场多人拼盘式的脱口秀演出）；第二步，在保利剧院这样的千人场馆里举办个人专场；第三步，在梅赛德斯-奔驰文化中心这样的万人场馆里举办个人专场。至于梦想该在什么时候达成，我们心照不宣地回避了。但说完这个"三步走"梦想的那一刻，我们都有点儿心潮澎湃，就连不沾酒的海源也豪气地碰了一杯。

这，就是我们的初心。我走到了第一步，梁海源走得快一点，已经到了第二步，在多个城市的保利剧院开过专场了。而程璐开辟了不同的赛道，成了脱口秀的领导。

人物

思文

2020年年初的一天，思文给我发了信息，让我推荐几场质量特别高的脱口秀专场给她看看。我很好奇，认识她七八年了，似乎是第一次听到她提这种要求。我把最近看过的几个特别好的专场链接给她推了过去，顺便问了问原因。她说："我最近讲了太多商业脱口秀了，我觉得我对脱口秀都没有热情了。你知道吗？我现在觉得讲脱口秀是一件很恶心的事情，我需要看一些这种特别牛的脱口秀，重拾一下对这个事情的感觉。"

印象中，思文似乎是我们从深圳走出去的演员当中，最游离在脱口秀舞台之外的两人之一。另一个是小猪。他俩都是大家公认的天赋特别高的人，他们的想法也有一个共同点：要是脱口秀这件事不赚钱，他们有可能早就离开了。

这有点像我们读书时遇到的天赋很高的学霸——你以为有些学霸是真的热爱做题、考试吗？他们热爱的是拿高分，如果没有考试可以拿高分的这个设定，估计这个世界的学霸会少很多吧。

我见证了思文的第一次开放麦舞台。当主持人问现场有没有观众想上来试试的时候，她举手报了名。因为没有做任何准备，她仅仅靠模仿了前面的几个演员，就把观众全都逗笑了。后来她加入了俱乐部，选择程璐当了她的导师，两人也很快开始恋爱。我在开始讲脱口秀的第一年跟程璐一直不太熟，跟思文接触得就更少了，直到一年多以后，我们打算另起炉灶办一个新的俱乐部时，大家才熟络起来。

思文在脱口秀的舞台上不停地进步，但她对我们这些痴迷脱口秀的人总是有一点点疏离。程璐当时和梁海源、也 So 建了一个学习小组，一起学习《手把手教你玩脱口秀》英文原版书里的内容，学习地点经常选在程璐和思文合租的房子里。我第一次参加学习小组的时候，大概是晚上八九点，大家都在客厅里看书讨论，唯独思文寒暄了两句后就进了房间。我们讨论的声音越来越大，思文忽然把房门拉开，冲到厨房里哐当哐当地开始生火炒菜。我被吓到了，悄声问程璐："她是不是嫌我们打扰她休息了？"程璐头也不抬，说："不，她每天都是这时候准备明天上班要带的饭菜。"

2013 年，思文和程璐结婚了，我们为他俩准备了国内的第一次线下吐槽大会。但思文真正跟我们玩到一起还是到了后面筹备成立逗伴脱口秀的时候。因为对原来俱乐部有很多不满，思文在筹备的过程中积极地承担了很多工作，有时候甚至感觉是她在推着程璐去成立这个俱乐部的。逗伴成立后的第二场正式演出在车公庙红糖罐酒吧里举行，当时出于对原俱乐部的尊重，我们邀请了他们的几个演员过来观看。通常来说，演员来看同行的演出有两条不成文的规矩：第一，不要坐在观众席的前排；第二，就算是你看过很多遍的段子，到了笑点，你就算假装也要笑一下。当然，如果你是自己买票来看的，那就无所谓什么规矩了。但那天他们的一位演员不仅没买票，还坐到了第一排的中央位置，而且全程冷漠脸，就没笑过。我在台上的时候没有留意到他。但是思文看到了，她很生气。演出结束后，她在群里直接呵斥了那个演员，明确地告诉他："以后我们的演出，不欢迎你来！"

逗伴脱口秀成立半年后，开始固定地进入剧场表演，发展得越来越好，思文却逐渐淡出了我们的舞台。她在国企的工作很忙，需要常驻在深圳郊区的农业科研基地，我至今还记得她偶尔给我们带回来的通过高科技培育的有机草莓，比我们在超市里买到的任何品种都要大。实际上，每月才一两场的演出费对她来说也许连零花钱都算不上，加上那段时间她跟程璐的感情也出现了一些波折，直到我们去上海加入笑果文化之前，她都没在逗伴演出过几场。

在笑果文化签下我们之前，上海的恒顿传媒已向我们抛出了橄榄枝，他们的制片人王童非常有诚意地带着明星主持人来深圳看我们的演出，希望我们能跟这位明星一起打造一档新的脱口秀节目。那天我们刚好需要去东莞演出，王童一行人在到达深圳机场后，就直奔我们的东莞演出现场。我跟程璐商量，一定要让思文也来参加这场演出，让制片人看看她的实力。虽然已经差不多一年没有演出了，在舞台上也有点紧张，但思文依然是我们这帮人里演出效果数一数二的。王童丝毫没看出思文是我们当中演出经验最少的，反而认为她是最有明星相的一个，把她当成我们团队的"头牌"来看待。虽然我们最后拒绝了这家公司，但制片人的肯定让思文有了足够的自信，让她下定决心辞掉国企的高薪工作，和我们一起去上海发展。

2016年年初，我、程璐、思文和梁海源四人都到了上海，成为笑果文化第一批签约的编剧和艺人。思文的发展果然如我们所料，很快在《今晚80后脱口秀》里崭露头角，也成为逗伴脱口秀中第一个登上《吐槽大会》的成员。在《脱口秀大会第一季》，她那"夫妻过成了兄弟"的段子家喻户晓。她在段子里的形象，也从"脱口秀女王"一路发展成为"脱口秀太后"。而程璐那段时间最知名的标签就是"思文的老公"。思文到了笑果文化后的发展轨迹不需要我赘述了，几乎所有的媒体都对她做过详细的报道。

我在2017年年初独自离开了笑果文化，开始创业，但跟留在笑果的逗伴老成员们都保持着密切的联系，大家还经常出来聚一聚。2019年，我从上海回到深圳发展，大家的联系变得越来越少了，曾经热闹的微信群也逐渐沉寂了。在思文向我咨询完有什么值得看的脱口秀专场之后，我们好久都没再说过话，直到有一天，我在微博上看到她和程璐离婚的消息，忍不住给她发了一条询问的消息，她的回复很简单："抱歉，我现在不想谈论这件事情……"

思文在《脱口秀大会第三季》后宣布退出这个节目。[①] 后来，笑果为她在上海著名的爵士俱乐部 JZ Club 里举办了一场爵士音乐会，她似乎做起多栖发展的艺人了。不知道她以后还会在哪个领域发展，但这位第一次登上脱口秀舞台

① 思文在2022年归来，参加了《脱口秀大会第五季》的录制，并且取得了不错的成绩。

就惊艳众人的演员已经获得了真正的自由。不管她在哪里，不管她还会不会继续讲脱口秀，只要站上舞台，她都会是一颗闪闪发光的明珠。

人物

梁海源

当每次想要写点儿什么来记录梁海源的时候，我都会想起谢梦遥写的第一篇脱口秀特稿《脱口秀进入中国：勇敢者的游戏》，那里面有这样一段对梁海源的描述：

明亮的灯光，闹哄哄的暖场音乐，由顶灯垂地的金色大幕，用中文讲脱口秀的外国人。舞台高高在上，每个演员都穿得很正式，西装、衬衣、领结、皮鞋。一切在升级换代……但梁海源看起来略显拘谨，像是身上缠了一条蛇。但有那么几次，他主动与台下的观众互动。这些举动与引来的笑声，是他和那条看不见的蛇搏斗成功的证明。

"像是身上缠了一条蛇"，这句话似乎困扰过海源一段时间，他在聊天时引用过很多次。表演时会紧张，这是他从开始讲脱口秀以来一直在努力克服的一道坎，这道坎的高度在他参加《脱口秀大会第三季》时达到了引人注目的顶峰——当时担任节目嘉宾的著名经纪人杨天真这样点评梁海源的表演："和做脱口秀演员比起来，你更擅长做脱口秀编剧"，"我不知道鼓励你去做脱口秀演员，对你的人生是好还是不好。"

幸好，这道坎在海源参加完《脱口秀大会第四季》后逐渐消失了。依然是谢梦遥，在节目结束后为他写了一篇文章，和六年前那篇发表在内地无缘得见的《亚洲周刊》上的群像式特稿不同，这篇发表在了《人物》杂志上，而且是对海源的个人专访。文章的最后引用了梁海源的自述：

> 可能到今天，我还算不上一个勇敢者，我还有很多怯懦，上场表演之前，我依然恐惧。但是我感觉我在变成一个越来越有能量的人。我能挺过来的次数越来越多。你不适合做个演员。那句话，在我脑中消失了。

梁海源在成为全职脱口秀演员之前，有两件事让我印象深刻。

第一件事是他辞去了医药公司研究员的工作，去做保险经纪。作为一个对保险行业略有了解的人，我当时力劝他不要辞职，他内向的性格在我看来非常不适合卖保险。为了让他死心，我还约了一名正在做保险的朋友跟他面谈了一次，没想到谈完以后，反而坚定了他辞职的决心。所以，当海源正式开始做保险后，我还跟另一位演员牙签打赌500元，赌海源坚持不了一年。虽然这钱跟海源没什么关系，我们打赌后也几乎忘了这事，但一年后的某天，海源忽然在群里提醒道："今天我入职满一年了。"我只好乖乖地转了500元给牙签。

第二件事是2015年下半年，我们一直投稿的《今晚80后脱口秀》节目组忽然叫海源去了一趟上海。我和程璐都觉得很奇怪，因为海源在我们当中并不是中稿最多的一个，也不是跟节目组关系最密切的一个，为什么会单独叫他过去呢，过去聊什么呢？等他从上海回来后，我们迫不及待地打听，海源神秘地一笑："老叶叫我去接替王自健当主持人！"他说的老叶就是叶烽，当时节目的制片人，后来笑果文化的董事长。我和程璐对望了一眼，强装镇定，然后连连说"恭喜"。海源哈哈大笑道："没有啦，老叶要签我做艺人。"

然后他又有点好奇："看你俩的反应，好像觉得我真的有可能接替王自健？"

在深圳逗伴脱口秀这帮演员当中，梁海源是第一个被笑果文化相中并且签约的，这确实出乎我们所有人的意料。老叶后来向我们解释，这是因为海源身上那种"屌丝"的气质特别明显，这个标签很容易让人记住，从做节目的角度考虑，拥有显著标签的演员是最适合签下来的，所以他成了我们团队中第一个被签下来的艺人。

其实，逗伴团队里最具"屌丝"气质的并不是海源，而是小猪。海源的很多消费习惯跟我们其他人相比虽然算不上大方阔绰，但至少一点儿都不"屌丝"。可能因为在农村长大，他确实比我们多一些勤俭朴素的生活习惯。比如他很不在意衣服、鞋子的牌子，出去住酒店也不觉得五星酒店跟经济型连锁酒店有多大的不同，买手机、电脑等产品也是挑最基础的版本。在我们担任《今夜百乐门》的编剧期间，海源在一个 Sketch 里用了一个点子，男主角的手机内存不够，每天都要清空内存，导致他跟女朋友沟通时产生了矛盾。制片人叶烽很不理解这一喜剧冲突，他觉得现实中很少有人会遇到内存不够的问题，海源为此跟他争论了很久，当他最后不得不放弃这个点子时，怏怏地说了一句："老叶这种永远都用顶配手机的人，这辈子也体会不到这种心境。"

海源在开始讲脱口秀后不久，就显露了创作段子的才华，他和程璐给《今晚80后脱口秀》投稿的时间比我早了大半年，两人的中稿率都很高。但那时，我们觉得微博上的段子手才是最厉害的喜剧写手，他们如果也投稿的话，一定比我们中的稿更多。后来，我们和很多微博段子手一起参加了一个给电视节目写稿的项目，负责稿件统筹的人是鼓山影视的李亚，也是一位微博段子手。第一次选稿结果出来，中稿的竟然全部是我们这些线下玩脱口秀的人，其中海源中稿最多，这让在微博上比我们粉丝多很多的段子手们都感到很吃惊。有一次，我们在群里讨论节目到半夜，发现好段子的数量不够，而海源早就睡了。李亚忍不住给我发私信，问我能不能把海源叫起来再写一点儿。

后来稿子越写越多，我们也逐渐明白了脱口秀演员和微博段子手的区别。那些在微博上引起几千几万转发的段子，大多数都不适合拿到脱口秀舞台上去表演，而适合脱口秀舞台演绎的段子，光看文字往往又平平无奇。幸运的是，电视综艺节目需要的是能在镜头前演绎的段子，所以，后来能在段子类的喜剧综艺里当写手的，往往都是从脱口秀演员做起的。

给考拉FM投稿时事热点段子，是我和海源、程璐合作写稿最愉快的一段时光。当时，考拉 FM 采用了一种类似约稿的方式，他们决定要报道某个新闻热点事件时，就会把要求发给我们，我们仨就开始各自创作段子，每人大概写 10条，由我负责把稿子串起来。考拉最后会从 30 条段子里筛选 10 到 15 条，交给一个叫高波的主持人来演绎。因为写稿的只有我们仨，所以大家的热情都很高涨，每次接到约稿都极其高效地完成创作，然后还暗暗比拼谁的中稿率更高。我们总共为节目写了几十期，最后统计下来，三人的中稿率居然非常均衡。有一期还创下了非常高效的记录：当时，某位高官消失快一年，大家都知道这人已经落马，但是官方一直没有宣布。《新闻联播》宣布高官落马那天，高波在晚上 8 点给我打电话约稿，说今晚就要播出。我们当时刚吃饭，放下饭碗就开始创作，一个小时后就完稿了，我又花了一个小时串稿，然后发给高波去录制，到节目上线时刚好11 点。这个效率，至今还被我们津津乐道。

2014 年，我跟程璐和海源决定一起翻译《手把手教你玩脱口秀》这本书。首批印了 1 000 本，我们把书从香港出版商的仓库搬回来后，就全部放到了海源租的房子里。他那时候自己一个人住在深圳车公庙的房子里，房租不贵，房子也挺大，放 1 000 本书绰绰有余。我和程璐每隔一段时间就去他那里给书签名，凑够一定的订单量后，就由海源负责找快递寄出去。一直到2016年，海源把房子退了搬去上海，这1 000本书还没有卖完。我后来又把剩下的书搬到了一个叫"林中烧柴"的脱口秀新人的家里，让他"继承"海源的发货工作。

海源到上海后，他的"屌丝"标签很快被公司在《今晚80后脱口秀》《脱口秀大会》等节目里用上了，不过也用不了太久，毕竟节目上得越多，就越难让人相信你是一个穷人了。后来爆红的何广智，一开始利用的也是"屌丝"的人设，后来也转型了。海源的转型似乎没有何广智那么成功，他的新标签还是弱了点儿。不过，海源自己似乎没那么在乎标签的事，他甚至没有为转型这件事特意去花什么心思。确实，当你有足够的实力去创作，标签也没有那么重要了。一个鲜明的标签能让你在人群中被一眼认出，但认出来以后你能做什么，那才是最重要的。

我刚到上海的时候，曾经跟梁海源合租了一年。我们在长宁区武夷路的一个小区里租了一套三室两厅的房子，跟我们一起合租的还有一位上海的脱口秀女演员涛姐。虽然我和海源当过室友，一起创办了逗伴脱口秀，一起翻译了英文书，但他最好的朋友还是程璐。他们的友谊在刚开始做脱口秀的时候就因为创作而建立了，在程璐恋爱、结婚后也没变。

程璐还在当翻译的时候，有一年需要跟客户去加拿大的一个少年夏令营进修，进了营地以后手机就没信号了。我好几天没跟程璐说上话，就去问思文："程璐有跟你保持联系吧？几天都没有他消息了，不会出什么事吧？"这事还被思文在群里拿出来笑话，她说她也没有程璐的消息，但显然我才是最紧张的那个人。不过思文不知道的是，在问她之前，我早已经问过海源，只不过海源也没有程璐的消息。

在成为全职脱口秀演员之前，我和程璐、海源提过开专场的"三步走"梦想。2017年，我在上海的一个小酒吧里做了一场小型的内测专场，弄了一张很"中二"的海报，专场名字也很"中二"，是一个谐音梗，叫"地狱骑士"。当时我刚离开笑果文化，也不好意思叫朋友来看，海源主动请缨帮我做了主持，但我一直不愿意把这个当作自己的第一个专场。直到2018年9月，我在功夫喜剧俱乐部襄阳北路的场地才算是正式做了一个专场演出。我算是三人里第一个做专场的人。海源的专场在2018年年底开始，笑果帮他做了几个城市的巡演。因为编剧任务繁重，做完那几场后，他整整两年没有再开过专场，一直到2021年年底，我才在笑果的售票页面里再次看到了他的专场信息，专场的名字叫《坐在角落的人》——确实很符合他的形象。

　　海源的这次专场在全国的脱口秀粉丝和同行中获得了极高的评价。在 2022 年的《脱口秀大会第五季》中被淘汰后，他重新开始专场巡演，并把段子内容做了大幅度的升级，专场的名字也改为《坐在角落的人 2》。这个升级版专场的深圳站在深圳保利剧院——那正是我们的第二步目标里明确提到的剧场。1 800 个座位的票（因为疫情原因，被限流 50%）不到 5 分钟就售罄了。海源在微信里感叹说："就跟做梦一样。"

　　海源在《脱口秀大会第三季》讲了一段他蹭程璐、思文蜜月旅行的故事。这个故事是根据真事改编的，只不过当时一起旅行的不止三人，还有一位从外卖脱口秀时代就和他们关系要好的朋友晴空。因为内容源于真实，那一段脱口秀非常有意思，也帮助海源拿到了那一集的冠军。在《脱口秀大会第五季》的淘汰赛里，海源恰好是被"离婚 CP"思文、程璐淘汰了，他在离别感言里宣布这是他最后一次参加这个节目，随后在微博上发了一段感人至深的话：

　　　　今年特别想讲一些纯粹的脱口秀。我一直认为讲得足够好了，大家自然会记住我，这是一种执着的愚钝。我希望有一天，梁海源三个字就能代表我的脱口秀。没记住，那就是不够好。

这些年很多人劝我做幕后，在最好的编剧和最好的演员之间，我差不多已经做到了前者，后者还需要一些时间。

对于节目也就就此别过了。

人生总会告别，告别会让人难过，只能把一切交给时间。只要我们还有爱，还有朋友，就不会太难过。

未来的计划是好好演线下。不希望大家把演线下当成一件迫不得已的事。

它是我们进入这个行业的初心。

我在这个行业理想的生活状态是写专场、演专场和录专场。

不一定担负得起"最好"二字，但会努力达成自己的理想。

脱口秀不是只有脱口秀大会，前面还有星辰大海。

敬我们的初心。

人物

也So，小猪，三弟

也So

　　我在 2011 年第一次去开放麦当观众的时候就见到了也So，一眼就觉得这位肯定是一个很厉害的演员。也So长着一张能让人记住又不容易被混淆的脸，身上总带着一种超然的自信，他的每一句话似乎都透着一种"这个我早就知道了"的气场。别说我当时只是个新人了，就算是"老鸟"，在他面前气势上也会弱上三分。

　　也So的气场源自他狮子座的性格，也源自他的"先行一步"。2009 年时他就作为压轴演员登上了脱口秀商演的舞台，也确实无愧于"中国脱口秀先锋人物"的称号。在我认识也So的前三年，只要有他参加的演出，他几乎都被安排在最后出场，这足以说明他在大家心目中的分量。2014年，我们一起给《夜夜谈》当驻场脱口秀演员，主持人杨锦麟老师支持我们研发一档新的脱口秀节目。那时候，逗伴演员的水平已经逐渐看齐，但大家商量再三，还是把样片主持人的角色交给了也So，就连最有明星相的三弟，都只能委屈地戴上白马头套扮演他的搭档。

也So跟逗伴脱口秀的关系一直不算紧密，但在逗伴的每一个发展阶段，他都起到了特殊的作用：是他第一个走出深圳，去上海和北京的俱乐部演出，从而坚定了我们这些后来者出去交流的决心；是他先离开外卖脱口秀创立了饺子喜剧，因为我们不认同他的运营方式才有了逗伴脱口秀的独立成团；是他首先发现了 *Step By Step To Stand-up Comedy* 这本书，牵头发起了学习小组，最后才由我、程璐和海源把它翻译成中文版《手把手教你玩脱口秀》。在逗伴发展最快的第二年，也So虽然已经失去了台柱的位置，但依然是主力演员之一。他跟我们彻底"分道扬镳"是在2015年的8月，逗伴始创团队的演员们决定去上海发展，我们选择了笑果文化，而他选择了恒顿传媒，并且把小猪也带去了恒顿。

在上海的几年，我们极少同台演出，只是偶尔在开放麦里碰面，或在很多人参加的酒局、饭局上碰一下杯。也So

在恒顿的工作并不顺利，而逗伴其他成员在笑果的发展则令人羡慕。在一次聚会上，有不知情的演员问起他当初为什么不跟逗伴的小伙伴一起去笑果，他指了指我们几个，笑着说："去问这些白眼狼吧。"

小猪

小猪是我的老乡，他在深圳度过了童年和大学的时光，但身上没有一丝深圳本地人的特征。就算他经常把自己居住的深圳宝安区当作第二故乡，在我们看来也只是他的一句玩笑性质的口头禅而已。

性格的原因让极具喜剧天赋的小猪在脱口秀演员和喜剧编剧中没有什么存在感。小猪在2010年就登上了外卖脱口秀的商演舞台；在逗伴还没成立的时候，他参加土豆网组织的短视频比赛还获得了奖项；他在2012年的一条视频《怀孕小三大闹婚礼现场》里饰演一号渣男，视频在深圳电视台的都市频道播放了，影响力大到差点成为社会新闻；2015年，逗伴成员们组团参加了北京的脱口秀艺术节，小猪是表现最出色的一位成员，他那段演出的视频一直都在优酷网上，到2021年还有音频播放平台愿意付费购买他作品的版权……但小猪是一个极不愿意主动与人交流的人，除了他所在的团体，几乎没什么外部演员认识他。

2018 年，我创立的木更文化做了一个视频项目《说的全是梗》，每周在爱奇艺上更新。这个节目的形式很简单，先全程录制每周一次的开放麦——邀请一部分演员就本周的热点新闻事件创作段子，并在开放麦里表演——如果段子质量和表演质量合格，就会被剪辑进节目里播出，演员也会因此获得报酬。小猪对这个项目极具热情，每次都是投稿最多和表演最积极的那一个，也是表演效果最好、获得报酬最多的那一个。全国的脱口秀演员们有一个日常聊天的微信群，里面有几百号人，小猪从建群的第一天就在里面了，时不时也会发言，但几乎从来没人主动加过他好友。在《说的全是梗》里露脸几次后，大家才终于见识到他的水平，陆续有人去加他的微信。

然而，脱口秀演员只是小猪的副业，他的主业是喜剧编剧。虽然《今晚 80 后脱口秀》的发展轨迹里从来没出现过小猪的高光身影，但他是这个节目获得稿费最多的外围投稿写手。小猪和也 So 在创作段子时有一个共同的特点，喜欢以量取胜，两人每期投稿的字数都名列前茅。在节目播出的前三年时间里，他们的中稿量不相上下。但 2015 年，两人加入了当时被笑果视作竞争对手的恒顿传媒，节目组不再给他们发约稿单，也 So 就再也没有给这个节目投过稿了。但小猪不死心，换了一个马甲继续投稿，以影子写手的身份一直写到了节目的最后一期。

不管是当演员还是当写手，小猪最大的动力都是按劳取酬，所以，他几乎从不参加没有演出费的开放麦。因为天赋够高，他敢于直接拿新创作的段子到商演舞台上去讲，就算效果不佳，他对这条新段子的自嘲也能成为不错的笑点。因为开放麦去得少，所以小猪的段子更新速度不快，他也特别珍惜每一条有效果的段子。有一次，他在跟也 So 一起写稿的过程中创作了一条段子，调侃某歌星的台湾腔唱法，虽然他一直强调这条段子的主创是他，但是也 So 在各个舞台上都表演过这条段子，次数比小猪还多。很多人都疑惑，为什么两位脱口秀演员可以共用一条段子？他们二人对这条段子所有权的明争暗斗一度成为大家的笑谈。虽然也 So 抢先把自己表演这条段子的视频放到了抖音上，但 2021 年，小猪在广东卫视的一档节目里完整地表演了这条段子，在一个更官方的平台上宣示了主权。不过，两人从来没有因为这条段子而发生过正面冲突。随着这位歌星的离婚事件带来的负面影响越来越大，这条段子被他俩表演的次数也越来越少，也许有一天，他们就再也不用争了。

　　小猪职业生涯的第一个重要决定，是 2015 年和也 So 一起加入恒顿传媒，而最先向小猪伸出橄榄枝的其实是笑果文化。虽然他给《今晚 80 后脱口秀》写了很多段子，但整个节目组其实并没有很了解他，这也让小猪非常担心自己去笑果后会不被重视。在此之前，他长期和也 So 一起给广东卫视的新闻评论节目《财经郎眼》供稿，对他能力十分了解的也 So 极力向恒顿推荐小猪，最终他俩一起在恒顿签下了艺人约和编剧工作约，从深圳搬去了上海。两人以主力编剧的身份参与了恒顿的所有喜剧项目，恒顿也为两人提供了很多出镜的机会。但无论节目还是个人，都没有获得预期的结果，反响平平。2018 年年底，在恒顿度过了郁郁寡欢的三年时光后，小猪和三弟一起辞职，加入了笑果文化。由于与恒顿的艺人约还没有解除，他们在笑果只能担任编剧的工作，并不能参与公开演出和线上节目。讽刺的是，恒顿在一年后进行战略调整，解散了喜剧部门，留下来的也 So 得以无条件解约，反而比小猪和三弟更早获得了自由身。

三弟

　　三弟和思文是逗伴团队仅有的两位女演员，但三弟更早踏上了商演的舞台，她也是我们当中第一个到上海发展的。

2015年年初，融资成功的上海茄子脱口秀急需演员，他们看中了三弟。经过一番争取，三弟决定加盟。由于逗伴脱口秀并没有跟任何演员签约，所以三弟跟茄子脱口秀的签约十分顺利。她满载着我们的祝福离开，希望她能为我们率先走出一条职业的发展道路。

茄子脱口秀是由几位喜剧爱好者在上海一起投资成立的喜剧厂牌。其中，刘洪伟、老田、老鱼和万彼得等是专职脱口秀演员，Pencil和倾诉哥只是偶尔登台，他俩的主要身份是投资人。三弟加盟后，茄子脱口秀以她为主角做了很多场演出，从上海大张声势地演到了北京。2015年6月，我们邀请茄子脱口秀的所有演员来深圳演出，三弟有一种荣归故里的感觉。演出结束后我们还为她办了一场吐槽大会，大家玩得很开心。

当时，逗伴和茄子都刚参加完北京的脱口秀艺术节，还不知道接下来命运的齿轮会发生多么大的转动。我们在深圳请茄子的演员吃饭，我很认真地对刘洪伟说："上海的脱口秀商业环境远好于深圳，希望你们大力发展，早日把逗伴收编过去！苟富贵，勿相忘啊！"

几个月后，我们确实都到了上海，逗伴的四位主力加入了笑果文化，也So和小猪去了恒顿传媒，这些动向跟茄子脱口秀没有任何关系——在最初的投资花完后，茄子的资金无以为继，团队不得不解散。三弟、刘洪伟和老鱼也在2016年加入了恒顿，"茄子脱口秀"这个厂牌从此再也没有在江湖上出现过。

恒顿早期并没有成立专门的线下演出部门，也So、小猪和三弟在公司里的主要工作是编剧。那段时间，上海的所有开放麦都不见恒顿演员的身影，他们在各编剧项目之间奔波，还经常去北京驻点。有一段时间三弟甚至失去了对脱口秀的热情。从北京回来后，工作变少了，她终于有时间上开放麦，讲的还是一年前的段子。一次功夫喜剧的开放麦结束后，三弟跟我一起下楼，她说："你们现在都只讲新段子了，我还是旧的那套。"我说："我们讲的也不全是新段子，只是你都没有听过，你太久没有参加开放麦了。"

后来，恒顿成立了"来点喜剧"这一线下演出厂牌，在上海的马当路租了一个地方，装修成小剧场，每周定期举办演出。三弟的状态渐渐回来了，也创作了很多新的内容。2017年9月，她去北京参加了爱奇艺的首届《CSM中国职业脱口秀大赛》，获得了季军。冠亚军分别是周奇墨和Storm徐风暴。2018年，她鼓起勇气参加了功夫喜剧的最后一届脱口秀比赛，以微小的票差输给了刘旸教主，获得了亚军。功夫喜剧这届比赛是和笑果合办的，也许是这个成绩给了三弟足够的信心，几个月后，三弟和小猪几乎同时辞去了恒顿的编剧工作，加入了笑果文化。

2019 年，恒顿传媒做出了战略性调整，旗下的来点喜剧的签约艺人纷纷解约，只剩小哈一个签约演员继续做线下脱口秀演出。也 So 幸运地恢复了自由身，开始频繁地在各个俱乐部演出，重点经营自己的抖音账号，并成功收获了很多粉丝，成为一位真正的自由脱口秀演员。

2021 年，三弟和小猪在加入笑果三年后，终于和恒顿解约成功，成为笑果的签约艺人。等待他们的，将会是一条更宽广的喜剧之路。

人物

牙签，老超

牙签

我跟牙签认识超过十年了。2012年，我讲开放麦才几个月，就遇到了第一次来讲开放麦的牙签，他那时候刚大学毕业，没有去找工作，而是通过学校的学生创业扶持项目成立了一家环保公司。据他透露，因为喜欢喜剧，他面试员工的时候甚至会考察应聘者的喜剧品位，也是够任性的。

牙签是90后，是我们那批演员里最年轻的一位。在刚认识的头一年里，我们没什么交集，直到开始筹划创办逗伴脱口秀，他才察觉我们这些人对喜剧的理念跟外卖脱口秀的主理人不太一样。刚开始，他还想劝说我们不要做这种分裂团体的事，但在见识我们第一场演出的盛况后，他突然醒悟，毅然投入了逗伴的怀抱。

在逗伴快速发展的前两年，牙签和我们一起参加了很多演出，但他在喜剧编剧方面释放了更大的热情。在知晓我们通过给《今晚80后脱口秀》投稿获得不错的收入后，他给我们写了一封长信，表达了想参与一起写稿的兴趣。于是，我们有新的写稿项目的时候都会叫他试写一下。2014年年初，我和程璐、梁海源参与了湖南经视综合频道的综艺节目《一生一世合家欢》的编剧项目，也叫上了牙签一起。这个项目需要我们分别写稿，然后由一个人把稿件统筹起来，汇成一篇投给节目组。这种统稿的工作很考验统筹者的水平，通常都是我和程璐、海源轮流担任的。但其中某一期，我们仨居然同时生病了，没办法做这件事，无奈之下，在深夜临交稿前的几个小时我们找到了牙签，让他负责稿子的统筹，然后就各自睡下了。牙签第一次担此重任，熬了一个通宵，最后交出去的稿子被甲方接受了！从此以后，牙签得到了我们的信任，我们有重要的编剧项目都会叫上他一起。

2016年年初，我、海源、程璐和思文都到了上海，在笑果文化里做编剧和艺人。5月，"旧版"《吐槽大会》正式启动，需要更多编剧，在我们的推荐下，牙签、张博洋、子龙和穷小疯也加入了笑果，从广东来到了上海。在《吐槽大会》第一集录制完成的聚餐上，牙签跟我碰了一杯，感谢我把他带到上海。我对他说："加油！你会比我先红起来的。"我当时说这句话没有经过太多的考虑，只是觉得牙签年轻，热爱喜剧，而且人设很突出——"90后创业失败的深二代小胖子"，应该很容易让观众记住。但这句鼓励的话让牙签产生了困惑，因为他并不觉得自己有什么可以红的潜质，当他发现我也对思文说过类似的话以后，他甚至觉得这只是我的一句客套话，可能对不少人都说过。有一次，他单独跟思文聊天，说："洛宾说我们俩会是逗伴里面最早红起来的人，你信吗？我觉得他眼光有点问题欸……"思文当时已经在《今晚80后脱口秀》里崭露头角，信心已然建立，听到这个问题气得笑出声来，她说："我不知道，但我觉得洛宾眼光很准！"

虽然我的眼光很准，但也没有准到能预测牙签的身体状况会出现问题。到上海三个月后，牙签正投身于《今夜百乐门》的编剧项目。在一次周末的篮球活动里，他在盖了梁海源一个帽后，忽然血压飙升。伙伴们叫了救护车送他到医院看急诊，出院后他依然觉得不适，跟公司请了一周的假回深圳休养。没想到这一走，他就再也没回上海——回深圳后，他的血压依然随时会升高，病因一直未明，权衡再三，他决定留在家人身边，不得不向笑果提出了辞职和解约。

从 2017 年到 2021 年四年多的时间里，牙签几乎没有再登上过脱口秀的舞台。他被确诊患上了焦虑症，只要上台就会出现焦虑和血压升高的问题，哪怕离家超过一公里，他的焦虑都会变得很严重。我们请他吃饭，挑选的馆子也要严格得不超出这个距离。在这几年里，牙签用尽了办法不让自己远离喜剧圈：参加每一个远程写稿的项目，每月开设线上喜剧新人培训班，挖掘新写手一起抱团创作段子，不遗余力地揭发圈内的抄袭者，满腔热情地参与全国脱口秀演员群里的每一次公开吵架……为了维系一名"老炮儿"的尊严，他只有一件事置身事外——只要不是工作需要，他会拒绝认识圈内的优秀新人，甚至拒绝观看《脱口秀大会》，因为那里总会出现一些很厉害的新演员。复出后，他在自己的播客里承认这都是因为嫉妒，而嫉妒会让他更加焦虑。

到了 2021 年，牙签已经掌握了足够多的对付焦虑症的办法，开始尝试着复出。他先到我组织的演出里担任志愿者，然后慢慢参加开放麦，参加极其考验心理承受能力的脱口秀争霸赛，再参加正式的商演，从 8 分钟讲到 15 分钟。一年后，他不但能到全国各地的俱乐部跑演出，还拥有了自己的 45 分钟主打秀。真正让人觉得他解开了心结的是，他可以一分钟不落地看完最新的《脱口秀大会》的每一集，并且认真写观后感了。

虽然重回了舞台，但焦虑症还是折磨着牙签。一旦焦虑这头怪兽悄悄冒头，他能控制住血压，但往往控制不住脾气。我和他在相识的几年里，曾经大吵过几次，也互相拉黑过几次。但牙签依然把我当作行业里最好的朋友，遇到事情也愿意马上跟我分享。2023 年元旦假期的某个深夜，我差不多睡了，他忽然给我发微信："我裸聊被诈骗了 18 000 块！"这个信息一下子把我炸清醒了，赶紧追问详情。听完他的故事后，我说，你愿不愿意跟我录一期播客来说说这个故事，他说好。第二天晚上我们把播客录完，隔一天就上线了。我跟牙签录过几十期播客，这一期成了收听量冠军，不但同行转发，很多圈外人也转发了。牙签在录播客那天刚刚测试过自己的第一个专场，见这个网络诈骗的故事如此受欢迎，他迅速把它改编成了段子放到专场里，专场取名《一事无成》。从此，"裸聊签"成了他的一个新标签。

其实，牙签在圈内一直以来的标签是"脾气火爆"。他复出后，有一段时间在深圳的演出数量名列前茅，但耿直的性格让他越来越不享受在深圳的生活。牙签带着新标签在全国很多城市演了一遍，思考再三，决定搬去对他来说最适合的城市：杭州。2023 年 8 月，他收拾好行李，一个人前往杭州发展。临行前，我给他发微信："莫愁前路无知己，天下谁人不识君。"他说："好。"

老超

老超是梁海源公开承认的"喜剧引路人"。2011 年，海源作为观众去外卖脱口秀观看开放麦，正是看到了老超的精彩表演才决定上台尝试一下，由此开启了自己的喜剧之路。

但老超本人的喜剧之路走得有点坎坷。

我们见过很多脱口秀演员是靠天赋闪光的，老超的闪光点有些特别。从喜剧直觉的角度出发，老超的天赋高得可怕，十多年的时间，他创作过的内容足够三个专场的时长了，全都是凭直觉创作出来的。如果你让他分析自己段子的结构，态度是什么、前提是什么、两条故事线是怎么融合的，他肯定会一脸懵，然后憨厚地笑笑："我不知道……"

因为天赋高，老超第一次上开放麦就获得了很好的效果，后面几乎没有过冷场，连他自己都忍不住自嘲："我也不知道他们为什么笑得那么开心，好像我在台上放个屁他们也觉得很好笑。"凭着这股势头，老超在 2013 年就试讲了长达 60 分钟的个人专场，虽然没有正式售票，但绝对算得上深圳第一个举办个人专场的内地脱口秀演员了。我曾在逗伴脱口秀的演出推文里给老超写了一段介绍——

　　从大陆最南端半岛走出来的大叔，从自闭症患者到深圳首位举办个人专场的脱口秀演员的励志典范。脱口秀内容清新与重口味混搭，乡土味与都市风乱入，针砭时弊与卖萌耍贱并存，既接地气也富于人生哲理，独特的湛江式普通话让你过耳不忘。

　　"自闭症脱口秀患者"是老超在简书上曾用的账号，我把它借用到这段介绍文字里。后来，我对这个病有了一些认识，觉得老超的表现怎么也不像自闭症，就问他是否确诊过，他憨厚地一笑："哪有自闭症，就写着好玩的。"从此，我再也不敢介绍他是自闭症患者了。

　　凭直觉创作的老超在生活中也很好笑，无意中创作过很多被其他演员津津乐道的"金句"——虽然他自己一如既往地不明白为什么大家会觉得好笑。其中两个金句是因为而我产生的，一次是我们在珠海的一个酒吧里共同经历了地狱般的冷场，他因此一蹶不振了好几天。很快迎来了下一场演出,他来了个大逆转,获得了很好的效果,而我则表现平平。其他演员们在后台夸赞老超,他却谦虚地说:"还好还好,但我最佩服的还是洛宾,我要是像他那样,我肯定坚持不下来的。"大家哄堂大笑,我气得要拿水泼他,他却莫名其妙,还不停地跟我解释:"我这是夸你啊,我是说你的心理素质很强大啊,能人所不能啊!"他越解释,大家笑得越厉害!

还有一句话流传更广。当时我们筹划成立逗伴脱口秀,外卖脱口秀的主理人邹澍对此很不满,但也无法阻止。老超找到邹澍,痛心疾首地劝他挽留我们,特别要挽留我,但对方不为所动。老超随后在逗伴的群里说了这件事:"我骂邹澍,这些优秀的演员你怎么都不挽留一下呢?特别是洛宾这么出色的事务型人才,你怎么都要留下他啊!"我听完整个人愣住了:怎么别人都是优秀演员,就我一个是事务型人才?他那句话一说完,群里的人狂发了十几个哈哈大笑的表情包。从此,"事务型人才"这个标签在我身上贴了好久,连加拿大籍的脱口秀演员大山都曾在群里调侃我:"不要因为创作而耽误了事务性工作。"

脱口秀生涯的高起点让老超一直处于舒适区,直到后来遭遇了两次比较严重的冷场,他的自信心受到了很大的打击。但这种打击的时效都很短,他在朋友圈发几首打油诗自嘲一下就能恢复信心——这又是一个被演员们广为传颂的笑料！对老超来说，真正的打击有两次。第一次是在2016年，逗伴脱口秀有10位演员去了上海发展，真正地把爱好变成了职业——在这一过程中，甚至没有任何人问过老超是否也想一起去上海发展。老超因此远离了脱口秀舞台一段时间，后来才慢慢回归。

第二次打击是在2018年。当时笑果在深圳的噗哧脱口秀给老超提供了很多演出机会，这促使他下定决心辞职，离开工作了20年的单位——龙岗街道社区网格管理中心，去当一名全职脱口秀演员。由于此举太过惊人，他为了向领导表明决心，辞职信都是用手写的——又是一个让别人觉得好笑，而他自己觉得十分合情合理的举动！

在办理离职手续期间，老超接到了北京一家新成立的喜剧俱乐部的邀约，想把他的经纪约签下来。老超把合约发给我看，征询我的意见。给他分析完以后，他觉得条件太不合理，就断然拒绝了。我试探性地问了一句，什么条件的经纪约他是可以接受的，老超一条一条地讲了一下，看来早已在心里盘算好了。当时我在上海的木更文化才成立几个月，处于蒸蒸日上的状态，急于招募编剧和演员。我问老超："如果木更喜剧给你这些条件，你会签吗？"老超说："好啊！"

于是，老超成了木更喜剧的一位签约脱口秀演员，合约长达5个月——因为签约后不久木更喜剧就遭遇了资金危机，为了不耽误老超，我赶紧跟他无条件解约。解约后，老超继续做自由演员，因为演出市场越来越好，收入达到了他辞职时的预期，心态也变得平和起来，没事就更新一下自己的公众号"龙岗河"，随心所欲地写一些奇思妙想的短文。2019年，为了获得更多的演出机会，老超跟笑果签了三年没有底薪的演员经纪约。2022年年初，合约到期，老超没有续约，再次成为自由演员。深圳《晶报》采访了老超，在文章里向大家透露了他的最新动向。

签约后的老超大部分时间听从公司的安排，在深圳和广州做线下演出，但因为疫情的缘故，演出经常一停再停。"我们属于不被看到的脱口秀演员，大多时候只能接拼盘式的演出，每个演员轮流上去讲几分钟，挣几百块的出场费。"而老超的目标是，哪怕不能成为上节目的"脱口秀明星"，也要成为"线下最牛的脱口秀演员"。

2022年3月，他和公司的合约到期，着手筹备自己的专场演出，题目是《超级人生：十年脱口秀之路》。首场演出时间定在3月19日，在宝安壹方城（玩儿丸喜剧酒馆）举办。

老超还计划做全国巡演，但因为突如其来的又一波疫情，演出推迟了。"多情总被无情负"，老超在朋友圈写下了这样的感慨。

后来，老超把他的个人专场名字改成了《东篱把酒》，在全国差不多 20 个城市巡演后，他想把专场录下来放到网上，让更多的人看到，也敦促自己创作新的专场。老超想借我的场地进行录制，我说场地没问题，问他打算怎么录制，他说用自己的手机录就行。我心想，一个打磨了十年的专场，最后竟然只用一部手机来录制，这未免也太随意了！正好我那段时间正在研究纪录片的制作，就把他专场录制的事情接了过来，为他担任制作人和导演。我安排了 5 个摄影机位，把整个专场完整地录了下来，精心剪辑成一段 60 分钟的视频，并在 2023 年 9 月把它发到了网上。这是我第一次制作脱口秀专场，反响也不错。但没想到老超对于自己当晚的发挥和现场效果并不满意，专场上传成功后自己都没有转发……

我是有点儿生气的，但一想，这是老超，倒也正常。随他吧。

人物

唐突

"唐突的风格很独特,安安静静地讲段子,但抛出来的笑点就跟导弹一样,精准,而且后劲很足。"

我第一次听到唐突的名字,是 2013 年听演员也 So 对他的描述。后来,我陆续听了很多看过他演出的人对他的评价,都是一致的好评。两年后,逗伴脱口秀和笑道文化一起参加了由上海 ET 聚场(共舞台)主办的《欢乐下午茶》年度演出,我在项目发布会上终于见到了唐突,兴奋地拉着他拍了张合照。那场发布会来了很多记者,笑道安排唐突在发布会上来了一段脱口秀表演。有经验的演员都知道,这种场合的脱口秀极难有效果,因为大家的心思都在工作上,没有人会认真地看表演。所以,那一次我并没有看到"导弹爆炸"的场面。我跟唐突合作多年后,方才意识到那场表演留给我的最大震撼是，深度社恐的他怎么会答应在这种场合演出！这只能归功于笑道主理人马克太有说服力了。

唐突是重庆人，在上海同济大学读的理工科，毕业前参加了笑道的开放麦，被发掘后成为脱口秀演员。他毕业后就顺理成章地没有找工作，一边在笑道讲脱口秀，一边给各种机构写段子和电影剧本，一个人在上海深居简出。

在2014到2017年之间，我看了不下十场唐突的演出，绝大多数情况下，我都领教了导弹命中目标的场景。其中印象最深的一次，是2016年我邀请他来深圳龙岗文化艺术中心参与的演出，差不多是个500人的场子，我安排他在倒数第二个上场。前面的演员都是特别闹腾的类型，主持人甚至跑到观众席里去互动了，气氛总体还算令人满意。轮到唐突上场，他就安安静静地站在舞台中央，没有互动，没有表演，甚至没有表情，却一次又一次地，掀起了当晚最大的欢笑的声浪！

可惜的是，唐突在2017年后就不再登台表演了，我记得他最后一场演出是在功夫喜剧，是一场下午举行的公益演出，也是马克说服他去参加的。这场演出的效果一般，我后来跟唐突求证这是不是他的最后一场演出，结果连他自己都不记得了。

我曾经在不同的场合怂恿唐突重新登台演出，他刚开始推辞时会让我把他放在最后一个考虑，实在没演员了再找他。这听起来好像有商量的余地，但实际上，他应该是聪明地看出了我的弱点——我是一个很难承认自己"实在没办法了"的人。我记得最后一次怂恿他的时候，他终于用了一个不一样的借口："除非你给我一个亿吧。"

在一次认真的交谈里，唐突终于说了他不再上舞台的原因。他本来就是一个不喜欢在公众场合说话，也没有什么胜负欲的人，但当年能让他的喜剧天赋得到展现的地方只有笑道的脱口秀舞台。他第一次参加笑道的开放麦，没做什么准备就上去讲了一段，效果非常好，然后笑道一直邀请他演出，他就这么讲了几年。后来国内的喜剧节目越来越多，他光是给不同的节目写稿，获得的收入就远超过讲脱口秀了，于是他就开心地放弃了这个舞台。

我在不同的写稿项目里跟唐突合作了很多次，配合得也越来越默契。2016年，我们逗伴四人组刚到上海工作，笑果文化给了我一个任务：把唐突的工作约和经纪约签下来，跟我们一起工作。那段时间我们天天一起写稿，一起吃饭，甚至一起娱乐。认识唐突的人很难把"娱乐"这两个字跟他联系起来，因为他的娱乐生活似乎只有两种，看电影和看书。他1992年出生，但几乎从来没有人用"90后"来形容过他。我跟唐突认识了差不多十年，能想起来的与他真正的娱乐活动只有两次。一次是某个周末，在我和梁海源合租的房子里，五六个脱口秀演员一起做饭和打斗地主，玩了差不多一整天；另一次是2019年，我和他在石家庄给河北卫视的脱口秀节目《小强来了》写稿，晚上我拉着他去红糖LIVEHOUSE听了一场葡萄不愤怒乐队的演出，我以为吵闹的摇滚乐会吓退他，没想到他居然跟我一起听完了全场。

　　唐突写段子的质量很高，但他一直没有长期地给什么节目写稿。2016年，我担任《今晚80后脱口秀》的编剧统筹后，把他拉进了写手群，他才开始稳定地给这个节目投稿，中稿率高得惊人。有一期节目，大家投稿的段子质量很低，导致内容不够，导演潘潘过来让我们几个老写手多写一点儿，特意点名让我去找唐突："你让他多写点儿，这位爷爷太牛了，段子几乎100%中稿。"李诞在2017年的一篇文章里，提到了他和唐突一起找王刚商量《吐槽大会》稿件的事，并用一段脱口秀式的文字夸赞了唐突：

　　　　进了电梯，跟我一起去的唐突——他很可能是中国最会写段子的人，就是不爱说话，也太不爱说了，几乎就是一句话不说——忽然说了一句"我发现你现场想段子挺厉害的"。

你们可能没法理解被唐突表扬是什么心情，反正比被王刚表扬还开心。

我假装很平静："还行吧，主要是王刚牛。"

唐突脸上依旧没有任何表情，声音非常低，像勉强起来回答老师问题但又确实知道答案的好学生："嗯，确实是他牛。"

我恨唐突。

也恨自己的虚荣。

主要还是恨唐突。

虽然说文无第一，但李诞这篇文章出来后，有一些好事者曾让我去比较唐突和李诞谁创作段子的水平更高。我也认真地回答过几次：如果限定在很短的时间，比如两三个小时之内创作出来，那我会买李诞赢；但如果时间给得长一点儿，两三天才交稿，那最后赢的应该是唐突。

李诞的这段背书给唐突带来了名声，但他自己并不知道。我后来谈的好几个项目里，甲方都跟我提过能不能叫上唐突一起加入。有一次唐突实在忍不住了，问我："这些人是从哪里知道我的？"原因只有一个，那就是口碑。

不过，李诞说错了一点。唐突不是不爱说话，只是不爱主动说话，逗伴脱口秀四人组甚至见证过唐突成为话痨的一天。我创业开过咖啡店，是一个对美式早餐非常推崇的人，但不知道为什么，程璐、思文和海源总觉得我喜欢美式早餐这件事非常可笑。在一次写稿的过程中，他们对我的嘲笑引起了唐突极大的兴趣，他开始不停地念叨要尝一尝什么是美式早餐。于是，我们下班后真的去了附近一家很地道的美式餐厅 Mr. Pancake，我给他点了一份特大号的美式早餐全餐。唐突尝了几口，就像吃了兴奋剂一样不停地说话，那天他一个人说的话超过了我们四个人的总量！

2016 年，唐突跟我们一样每天在笑果公司里出现，我以为他跟我们一样已经和笑果签约了，没想到他只是签了一个类似项目约的劳务合同。一年到期后，他没有找笑果谈续约，不声不响地恢复了自由身。2017 年，我离开笑果，创立了木更文化，跟唐突签了一份正式的劳动合约，他成为木更文化的首席编剧，这是他毕业后签的第一份正式的劳动合同。可惜的是，木更一直没有做出一个让唐突充分发挥他创作力的项目，仅仅让他带着编剧们创作了一套情景喜剧《联合办公室》的剧本，到现在也没卖出去。一年后，木更文化撤出上海，唐突又恢复了自由身。

直到现在，我还在跟唐突不定期地进行一些编剧项目的合作。他自己默默地写过三部电影剧本，有两部甚至是院线电影剧本。不过这些电影都无法满足他自由创作的意志，关于这个他几乎从没对人提起过。

唐突是一个迷影者，每天保持早睡早起习惯的他，大清早起床后的第一个娱乐活动就是看一部电影。每年的上海国际电影节（SIFF），他都会早早准备好抢票，不错过任何一场想看的电影。奇怪的是，他看了那么多电影，却从来没有想过做一些主动输出的工作，比如写写影评，或者做个电影自媒体的号。在我看来，这实在是一种巨大的浪费。我为此努力过两次，一次是跟他合作制作了一个盘点电影里奇葩行为的样片，一次是跟他一起录制了一个叫《嚼电影》的播客，远程连线录了十几集，节目被放到了喜马拉雅上，反响还不错。可惜，两次努力都无疾而终，没有一直做下去。

喜爱自由、效率惊人的唐突在创作上却像一个被动的打工人。在停止脱口秀表演后，他几乎没有主动写过东西，所有的作品都是应甲方的要求而创作。疫情期间，他终于决定自己写一个剧本。我跟他说，你写完后记得找我，我帮你去找制片人。两年过去了，其间我也跟他合作过几个项目，直到我开始写这一章内容的时候，我终于忍不住问他剧本写得怎么样了。他说：

"嗯，我这一年都在写，写了一半……还是赚钱简单。"

加油，兄弟！

不过，不加油也没关系，能赚钱就行。

节目

《夜夜谈》

2017 年，笑果文化与腾讯视频制作的《吐槽大会》取得了空前的成功，这个节目跟逗伴脱口秀有着很深的渊源。在第一季收官集录制完毕的晚上，大家都在忙着合照。我在录影棚里碰到了腾讯视频的负责人 Gino，他从《吐槽大会》的第一集开始就长期驻扎在公司里，跟编剧和导演们打成了一片。出于安全播出的考虑，他曾经"手刃"了编剧们很多的好段子。

我在公司里跟 Gino 打过很多次照面，但从没好好说过话。在这个收官的晚上，我拦住了他，跟他交换了微信。在写微信备注时，我问他："你应该认识我吧？"他意味深长地一笑，说："我当然记得你，你是洛宾嘛。""对对对，那你肯定记得，你从《夜夜谈》时代就开始删我们的段子了。"

《夜夜谈》是杨锦麟老师携手腾讯视频创作的一档谈话节目。从 2013 年开始，杨老师坐镇香港，访谈了很多在香港的或途经香港的名人、明星，节目的点击量相当高。杨老师在香港负责节目的主持和制作，在北京审核和上架这个节目的腾讯方负责人就是 Gino。

后来，腾讯的一名制作人阿文跳槽到了杨老师的公司，想给《夜夜谈》增加一些轻松幽默的元素，在节目里加入脱口秀表演。2014 年年初，我受香港城市大学研究生会的邀请，去香港给他们讲了一节关于脱口秀段子创作的课程，阿文也去听了。课后他跟我商量了一个方案，让逗伴的演员给每期的《夜夜谈》创作 5 分钟脱口秀，在节目录制的现场为杨老师和嘉宾们表演。

《夜夜谈》是逗伴脱口秀的演员第一次有机会定期出现在镜头前，大家都很重视，每次录制前都要碰面进行集体创作。当时基本是每两周进行一次录制，每次录制两到三集，最多的一次一天录制了四集。节目组会提前一两天把创作主题交给我们，我们在录制前一天创作好段子，排练几次，然后就从深圳去往香港，到杨老师位于新界的工作室进行录制。录制时，杨老师和副主持人坐在被布置成客厅一样的录影棚里，跟来访的嘉宾就某个主题聊天，我们就在外面的导播室看他们聊的情况，有时候需要抓住他们聊天的亮点临时创作一两个新段子，加到脱口秀的稿子里。嘉宾每集大约聊40分钟，杨老师很会聊天，录制效率很高，一般都不需要停机重录。聊天结束后，我们其中一名演员就会被叫进去，当着嘉宾和主持人的面表演脱口秀。整个表演时长有五六分钟。后期，剪辑人员会把这段表演剪成三段，穿插在节目的开始、中间和结尾里播出。这样一来，整个节目会显得活泼生动很多。

《夜夜谈》讨论的话题很广泛，从时事新闻到娱乐八卦，无所不谈。节目组从来不审查我们的脱口秀段子，不管我们创作的内容是不是尺度比较大，都会让我们直接先表演出来，只是在做后期的时候才决定要不要剪掉。决定剪掉哪些段子的人就是Gino，所以这才有了我跟他开头的那段对话。

因为这个节目，我们几名草根脱口秀演员接触到了很多名人和明星，想方设法地当面逗笑他们，也发生了不少有趣的事。由于录制地点在香港，那里比较开放，有好几期节目都谈到了同性恋相关的话题。比较巧合的是，几乎访谈同性恋嘉宾的每一期，负责脱口秀表演的演员都是我。后来我就调侃说，下次再有同性恋嘉宾上节目，一定要换一个人来讲脱口秀，因为我怕自己讲齐7次就变弯了。这个段子的效果一般，但副主持人许骥笑了很久，因为他上节目的次数早就超过 7 次了。

很多嘉宾都是第一次在现场看脱口秀表演，有时候会给出一些意想不到的反应。其中一次的嘉宾是谷德昭，香港著名的喜剧演员和导演。那天给他表演脱口秀的是小猪。小猪是港产片迷，很仰慕谷德昭，本想在调侃之余抱抱"对穿肠师爷"（谷德昭在周星驰的电影《唐伯虎点秋香》里的角色）的大腿，但那天聊的话题是香港喜剧电影的衰落，嘉宾的心情有点沉重。小猪的某个段子嘲笑了一下这个现象，谷德昭马上接了一句："那么厉害你上啊！"我们在导播间笑得前仰后合，小猪在里面尴尬得抓耳挠腮，表演完后赶紧给谷德昭道歉。

最愉快的经历是为女作家黄佟佟表演。黄佟佟很健谈，对于我们表演的段子她听得很认真，每个笑点都能瞬间理解，而且做出很热烈的回应，还不会乱插话，这种观众可以说是脱口秀表演的最佳观众了。有一次，她和中山大学的副教授裴谕新一起做嘉宾，我写了些调侃女孩儿的段子，说到女孩儿们见面喜欢聊指甲颜色的时候，她还和裴教授配合起来，互相检查起指甲，气氛非常欢乐。2021 年，我在广州举办个人脱口秀专场，特意邀请了她们俩过来看，那天有一种老朋友重聚的喜悦。

很多文化名人都来过《夜夜谈》做客，除了杨老师在凤凰卫视的众多老同事，蔡澜、梁文道、路金波等人都参加过这个节目。在这么多人里面，梁文道是最健谈的一个。他不是那种话特别多的嘉宾，声音不是很高，也不会用密集的话语力压别人。但只要他一说话，就会气场全开，周围的人总是会一下子被他吸引住。不管多么荒诞离奇的内容，从梁老师的嘴里说出来，你就会坚信那背后肯定是有文献支持的。

几乎对于任何题材的访谈，我们都可以创作出好笑的脱口秀段子。唯一一次遇到难题的是一期对同妻的访问，话题很沉重，如果在此基础上调侃的话，恐怕会让嘉宾不适。经过商量，那一期我们取消了脱口秀表演环节。

最遗憾的嘉宾是野夫。我很喜欢野夫，很早就在微博上关注了他，没想到杨锦麟老师跟野夫是好友。杨老师知道我喜欢野夫后，说很快会让我有机会见到他。果然过了不久，阿文就告诉我野夫要来上节目了，让我们好好准备段子。脱口秀演员里面最喜欢野夫的还不是我，而是上海的涛姐，她最喜欢的两位作家是野夫和冯唐。在野夫来节目之前，冯唐也来当过一期嘉宾，是我给他表演的脱口秀，涛姐提前寄了好多本书过来让我拿给冯唐签名。后来知道野夫要来，她干脆买了机票从上海飞过来，准备看现场的录制，结果涛姐刚到深圳下飞机，就收到消息说野夫老师因为有事没法来香港了……

如果说黄佟佟是我们某一期脱口秀最好的观众，那么杨锦麟老师则每一期都是。他的现场反应是演员们最喜欢的那种类型，该笑的时候会笑，该接话的时候会接话。而且杨老师很懂脱口秀，在我们刚开始录《夜夜谈》的前几期时，我们都是在嘉宾走了以后，坐在他们坐过的沙发上对着镜头说段子。这种方式非常"不脱口秀"，因为脱口秀最看重观众的反应，没有了观众，我们不知道段子讲得好不好，节奏也很难掌握。所以，刚开始的几期究竟有没有效果，我们谁心里都没底。在录了两期后，阿文还拿我们的一篇稿子去找杨老师，想让他试着讲一下。杨老师看完稿子后说："脱口秀是一门专业技术，还是让他们来表演吧，我相信这群年轻人。"

在录了十多期脱口秀后，杨老师萌发了做一档新的脱口秀节目的想法，让我们放手去做样片。我们给这个节目起名叫《天天脱口秀》。第一版样片找了杨老师的另一档节目《天天看》的女主播袁苑来担任主持人；第二版找了脱口秀演员也 So 来主持。两个样片都投入了很多的精力，虽然最终没有把节目做起来，但这确确实实是我第一次以制片人的角色来处理一档从零开始的节目。制作那两个样片的经验对我产生了不小的影响，直到今天——术业有专攻，让创作的归创作，让制作的归制作。

《夜夜谈》于 2015 年停播，这个节目给逗伴脱口秀带来了很多实实在在的好处，最实在的是每次以现金结算的劳务费。那段时间我女儿刚出生，每次我都拿着那张刚签收的千元大钞去附近的万宁或屈臣氏商店买几罐奶粉带回深圳，那种现挣现花的感觉，仿佛我就是石器时代出去狩猎的男人，到了晚上满载而归。另外几个演员则把港币存起来，在夏天到来时纷纷在香港买了最新款的 iPhone 手机。

曾在《夜夜谈》里表演的逗伴团队的演员共有这几位：洛宾、程璐、梁海源、三弟、小猪、也 So 和银教授。我们几乎每个人都有过在街上被人认出来的经历，甚至在节目停播的一年后，程璐在从纽约飞往上海的飞机上被认出来了；梁海源也在吃夜宵时被认出来，还收到人家热情赠送的两打烤生蚝；我在香港的地铁站被游客认出来求合影……好几年过去了，我在写自己的简介时，只要字数允许，都会写上"腾讯视频《夜夜谈》驻场脱口秀演员"。

　　在参与过很多喜剧节目后，我依然觉得《夜夜谈》是一档特别好的节目。杨老师的访谈深入、有趣，参与的嘉宾活跃在各个领域，话题的选择大胆、新鲜，大家对脱口秀表演的反应真实、生动……而且，节目的制作成本也不高。如果有机会，真希望能再次跟杨老师合作一档《夜夜谈》这样的节目。

2016
里程碑

节目

《今晚80后脱口秀》及后来者

　　Talk Show 类电视节目比 Stand-up Comedy 更早进入中国。Talk Show 翻译过来就是"脱口秀"，凡是访谈类型的节目，不管有没有喜剧的属性，都可以称之为 Talk Show。在国外，特别是美国，有很多著名的喜剧脱口秀节目，比如大名鼎鼎的《吉米今夜秀》（*The Night Show Starring Jimmy Fallon*）、《大卫·莱特曼晚间秀》、《艾伦秀》（*Ellen Show*）等。在中国内地，早期比较有名的喜剧类 Talk Show 节目，有梁冬主持的《娱乐串串 SHOW》（2001 年），刘仪伟主持的《东方夜谭》（2003 年），大鹏主持的《大鹏嘚吧嘚》（2007 年），还有周立波主持的《壹周立波秀》（2010 年），但这些节目跟单口喜剧并没有太大的关系。直到 2012 年 5 月东方卫视推出的《今晚 80 后脱口秀》，才算是第一个与单口喜剧密切相关的节目。

在 2012 年之前，微博上有一群活跃的段子手，他们在微博上发布的段子经常会被各种媒体不打招呼地无偿拿去使用。如果作者发现了，维权的结果往往是只能拿到 10 元到 20 元的稿费，更多时候是根本就不会有人理会他们。《今晚 80 后脱口秀》的出现改变了这个局面，节目组一开始就主动联系微博上的段子手，向他们征稿，一条段子的稿费是 200 元。李诞和王建国就是最早一批给节目写稿的段子手，由于表现突出，他们被节目组邀请过去当内容责编，跟主持人王自健一起创作和整理最后的播出稿。最后他们从北京搬到上海，成为节目组的全职写手。

《今晚 80 后脱口秀》可以说是给予写手和脱口秀演员最好待遇的节目了，一条段子的稿费从 200 元很快涨到了 400 元。到 2016 年的时候，稿费最高时涨到 800 元，商务段子的费用达到 1 500 元一条，节目组甚至会在年末给中稿率高的写手发年终奖。节目组每期向全国大概上百名段子手发出约稿单，段子手们据此创作段子给节目投稿，中稿多的写手的名字会出现在节目的字幕表里。逗伴脱口秀的几位演员是长期稳定的投稿写手，每期中稿段子中有 30% 出自我们这个团队。节目在 2014 年更换赞助商后，增加了一个环节"何弃疗"，邀请全国的脱口秀演员到节目里表演，有一点点《大卫·莱特曼晚间秀》提携脱口秀新人的意思。谈起增加这个环节的初衷，节目的执行制片人王童说："与其让我们的写手到各个四不像的喜剧选秀节目里被糟蹋，还不如来我们这里好好演一下。"

"何弃疗"的环节跟莱特曼提携黄西上去表演那种模式不一样，是一个精心设计的节目桥段。依托于东方卫视这个一线的播出平台，上了节目的脱口秀演员都得到了不错的曝光。逗伴脱口秀的也 So、程璐、三弟和上海茄子脱口秀的老田是第一批登上"何弃疗"的脱口秀演员，我和梁海源，还有笑道文化的吴涛、唐突、史炎和赵兴作为第二批演员也登上了这个舞台。到了 2016 年，笑果文化把签约演员安排进节目里做固定卡司，在这个节目里频繁亮相的卡司包括李诞、王建国、思文、史炎、程璐、海源、赵兴……

到了 2017 年年中，笑果文化已经从《今晚 80 后脱口秀》的制作团队中彻底退出，他们的演员自然也不再担任卡司。接手节目的制片人找到了我——当时我已经从笑果文化离职，正在长沙担任《火星情报局》的脱口秀总编剧。制片人让我推荐一些笑果以外的演员到节目里担任表演嘉宾，周奇墨、石老板、小鹿和令狐冲等单立人的主要演员也因此首次出现在了节目里。

　　其实，王自健从节目的第三季开始就不想继续担任主持人了。2017年，笑果文化退出制作团队后，他很快也退出了这个节目。在2021年《人物》的一篇报道里，王自健透露了自己从2015年开始就饱受重度抑郁症的折磨，而且他很不满意节目后几季的走向。他在文章里这样形容自己在节目最后阶段的状态：

　　　　后来限制的东西太多了，有自发的、有外来的。我的失望在于，我越来越去扮演一个"王自健"。到节目最后几季，没有一句话是我想说的了。你能明白那种痛苦吗？特别无助。什么样的段子能播出，什么样的段子安全，什么样的段子"有公式"地能笑，我们按照标准去写，完全失去了那种野生的、茂密的、杂乱无章的美感。

　　东方卫视其实很想保留这个节目，在王自健离开后的过渡期，他们在原有的播出时间里重播以前的节目，背后在努力找新的主持人来接替王自健，甚至想给节目换一个新名字，可惜最后都没有成功。《今晚80后脱口秀》的最后一期节目定格在了2017年第三季度。由于那段时间播了很多期的旧节目，观众甚至无法在里面分辨出哪一期节目是真正最后录制的。

国外有很多喜剧脱口秀节目，大部分都是美国深夜脱口秀的模式：开场段子＋喜剧环节＋嘉宾访谈＋音乐嘉宾＋乐队伴奏＋观众互动。像《今晚80后脱口秀》这样，主持人一个人站在舞台上，每期节目讲上半小时脱口秀，每一期都像在表演一场个人脱口秀专场，这种形式非常少见。

《今晚80后脱口秀》的成功后引来了很多模仿者。从2013年开始，电视上陆续出现很多语言类的喜剧节目，一种是综艺类的，一种是选秀类的。紧跟步伐的是江苏卫视为郭德纲打造的《郭的秀》。当时郭德纲在江苏卫视和孟非有一档其他类型的节目，播了一年多，收视还不错，台领导为了尽可能地利用老郭这个资源，找到了台里一名从没有做过脱口秀节目的制片人，跟他说以老郭的功力，驾驭脱口秀没有任何问题，于是节目很快就上马了。

节目组编导在网络上找了很多段子手为《郭的秀》供稿，其中就包括我们深圳的几名写手。我前后为这个节目投了几次稿，也在俱乐部里发动了几人去写稿，由于段子的内容和郭德纲的形象气质严重不符，最后都没有被采用。但编导对逗伴脱口秀写手的印象很好，电话里长谈了好几次，最后邀请我们去南京共商后面几期节目的内容。临出发前的那天，突闻郭德纲需要马上去欧洲演出，节目的拍摄被迫延期，我们最后也没去成南京。

《郭的秀》播了 4 个月共 16 期就停播了。这个节目留给我的深刻印象有两个：

第一，《郭的秀》前面几期的主持人出场形式和舞美与《今晚 80 后脱口秀》十分相像，王自健那段时间在自己的节目里反复调侃这件事，现场观众的反响非常好。

第二，《郭的秀》的主力编剧是李亚团队。李亚有个哥哥，微博名叫 @ 剑神葡萄，2012 年，剑神葡萄带头揭发了郭德纲的新相声《屌丝青年》有 80% 的内容都抄袭自网络。不过，段子手们后来跟老郭达成了和解，《郭的秀》也在片尾字幕打出了李亚兄弟以及其他微博段子手的微博 ID。段子手们在第一期节目播出后，纷纷发微博称这是一个“里程碑”式的事件。

2013 年下半年开始，全国的卫视都开始筹备喜剧选秀节目。首先跟我们接触的是安徽卫视的《超级演说家》。他们在深圳挑选了邹澍、也 So 和银教授三人去参加节目，但结果都不太好：前两位在第一次登场表演后就直接被现场几百个观众灭灯淘汰了；银教授更是在临出发前主动选择了退出，根本就没去现场。

《超级演说家》是一档成功的语言类选秀节目，有不少脱口秀演员在上面绽放了光彩，比如来自台湾地区的酸酸、涵冷娜和黄小胖。节目里表现最好的脱口秀演员之一来自上海笑道文化俱乐部，一路过关斩将拿到了季军。虽然如此，这个节目对中国脱口秀行业发展的推动力依然有限，脱口秀演员们的表演虽然加入了很多段子，但这毕竟不是 Stand-up Comedy，只能算是演讲。

脱口秀演员第二次冲击电视屏幕是在 2013 年年底浙江卫视的《中国喜剧星》。逗伴脱口秀的程璐和三弟参加了这个节目，到北京排练了两个星期，被鲜榨喜剧的导师 Amy 反复调教表演能力，每一个句子都反复练习了上百遍，但依然在第一关倒下了。原因在于，节目对表演者的要求是要会演。但即使是最会演的脱口秀演员，也会受限于这门艺术的形式，在观感上的冲击力都远远不如话剧或小品演员。程璐的表演甚至没有在节目里播出，但无论如何，他和三弟在节目里表演的是真正的脱口秀。

2014 年年初，逗伴脱口秀几乎全员都去南昌参加了江西卫视的《谁能逗乐喜剧明星》。这是一个喜剧选秀节目，其国外的原版节目叫 *Crack! Them Up*（原版的参赛选手几乎都是脱口秀演员）。节目组在全国范围内挑选了很多脱口秀演员，从深圳、上海、河南到北京……几乎找到了每一个跟脱口秀相关的人，每一个人在台上表演的都是真正的脱口秀。最后，逗伴脱口秀演员的成绩还不错，洛宾进入了第二轮，也 So 进入了第三轮，三弟进入了最后决赛的六强，北脱的宋启瑜获得了亚军。

这一波各省市电视台模仿《今晚 80 后脱口秀》的热潮很快便退去了，由于这些节目都没有获得成功，从 2016 年开始，电视脱口秀节目逐渐消失。2017 年，《吐槽大会》和《脱口秀大会》横空出世，线上脱口秀节目终于来到了被笑果文化垄断的年代。

《脱口秀大会第一季》并没有获得预期的成功，以至于第二季差点夭折。在笑果马上要撤档的关头，一家白酒赞助商把价格压到最低，果断出手冠名了第二季。置之死地而后生的笑果把《脱口秀大会第二季》做出了与第一季不一样的模式，让线上脱口秀尽可能真实地还原线下脱口秀的效果，再加入综艺竞演的元素，终于取得了成功。《脱口秀大会》的每一季都会决出一名冠军，前几季的冠军有庞博、王勉、周奇墨等。在节目里表现优秀的演员都获得了很好的发展，王勉的音乐脱口秀更是在 2022 年登上了春晚的舞台。在节目里大放异彩的思文、杨笠、李雪琴、呼兰、徐志胜、何广智等人都成功跻身娱乐圈，从电梯间到候机楼都能看到他们代言的广告，《脱口秀大会》也因此成为脱口秀演员们心中的圣殿。

人物

王童

2022年5月，我意外地接到了很久没联系的王童的微信："你还介意那些破事干吗？"

我马上明白她是在说我刚刚发的朋友圈。那天，谢梦遥在《人物》杂志发表了一篇重磅特稿《笑果"吞不掉"单立人》，用2万字的篇幅详细记述了这两家公司的故事，其中也提到了逗伴、恒顿和笑果的往事，我和王童的名字也被提及。这篇文章写得很好，但里面的一个关于我在笑果工作的细节有误，我忍不住发朋友圈澄清了一下。然后王童就给我发了这条微信。

王童曾服务于湖南经视，2006年加入东方卫视，2012年被东方卫视的独立制作人叶烽选中作为执行制片人，一起创造了《今晚80后脱口秀》这档节目。当时，经过多番比较，东方卫视决定选择王自健担任主持人，王童去微博喊话："谁有王自健的联系方式？发我一下。""小王爷"王自健因此人生中第一次坐上了头等舱，从北京来到了上海。后来，李诞、王建国、赖宝这些活跃的微博段子手也接到了王童的电话，陆续来到节目组，成为核心编剧。

在我给这个节目写稿的前两年，我甚至不知道王童，只是偶尔听也 So 提起过，节目组里有一位对美国脱口秀节目研究很深的女导演，是她一手把这个节目做起来的。

2014 年，《今晚 80 后脱口秀》增加了"何弃疗"环节，邀请脱口秀演员上节目表演，我也参加了。我在节目的录后会上第一次见到了王童，她匆匆说了几句话，加了我的微信就走了。我当时问她："你知道我是谁吗？"她轻笑了一声，说："哈，你投稿过来的段子我都不知道看了多少了好吗！"因为这句话我记住了她，时不时跟她在朋友圈里互动。2015 年年初，她在朋友圈里发了不少跟老朋友道别的话，我察觉到她可能要离职了，发私信问她去哪里了，她神秘地说，先保密。那段时间是我们几个老逗伴演员对喜剧的前途最迷茫的时候，我赶紧说："苟富贵，勿相忘，逗伴脱口秀求收编啊！"这句话，我在几个月后又原封不动地对茄子脱口秀的刘洪伟说了一遍。

　　2015 年 5 月，逗伴全员去北京参加了喜剧节。王童也在北京，约我和程璐出来见了一面，告诉我们她去恒顿传媒当了合伙人，那是一家以做真人秀节目为主的公司，总部也在上海。笑果文化在王童离开前就已经成立了，但出于我至今也不清楚的原因，她并没有成为公司的合伙人，这也是导致她离开节目组的重要原因。

　　王童约我们见面的原因是她准备在恒顿成立喜剧部门，想把逗伴脱口秀的全体成员收编过去当编剧和艺人。她的第一个计划是再制作一个类似《今晚 80 后脱口秀》的节目，主持人也找好了，这次不是通过微博喊话找到的，也不是王自健，而是某卫视主持人的自荐，对她"围追堵截"了几次才定下来的。我们在北京跟这位主持人吃了一顿饭，大家聊得很开心，仿佛都看到了光明的未来。

　　北京喜剧节后的一个月，王童带着主持人来到深圳，让我们给他培训一下脱口秀。我和程璐几个人在酒店房间里给主持人轮流上课，带着他参加演出和开放麦。这位主持人虽然对段子的技巧没什么概念，但毕竟是主持科班出身，长得又帅，在舞台上瞬间就能成为焦点。我们带他去了地王大厦，来到我们在顶楼观光层做的开放麦，观众都是不需要买门票来观光的游客。往常我们都是讲着讲着观众就越来越少，这次也不例外，但等到最后帅哥主持人上台的时候，"奇迹"出现了——观众竟然慢慢多了起来。当他邀请一位年轻的女孩儿上台互动后，地王大厦开放麦竟然第一次坐满了人，连门口都堵住了！这场景让我们感觉既兴奋又挫败，虽然他还不会讲脱口秀，但这就是魅力的力量！

　　主持人在深圳待了三天就走了，临走时给王童留了一封长信，盛赞了我们这些草根演员做喜剧的专业能力，期待我们尽快加入团队，再造一档"爆款"的脱口秀节目。这封信给了我们很大的信心。一周后，王童带着恒顿的董事长再次来到深圳，跟我们详谈了团队的待遇和工作安排，但是恒顿给的待遇并不令人满意。在来回讨论合同的过程中，我们加入恒顿的日程安排也渐渐细化起来，王童拉了一个叫"喜剧中心"的群，详细地安排了每个人的工作。在这个团队里，也So将会是我们的领导——在《今晚80后脱口秀》时代，也So跟王童的关系比跟我们加起来都密切。

　　这一安排在我和程璐的心中投下了一抹阴影，大家都还记得创立逗伴脱口秀时是怎么把也So排除在外的，如果加入恒顿，他将成为我们的领导，这似乎并不是一个令人兴奋的消息。梁海源那时候已经签约了笑果文化，每周末要去上海参加噗哧脱口秀的内测演出。恒顿给我们买好了机票，在准备去上海签约的前几天，梁海源突然问我："我们准备集体签约恒顿的事，要不要跟老叶说一下？"

我说："当然可以。"

海源："如果老叶让我们去笑果怎么办？"

我毫不犹豫地说："那叫他来抢我们啊！"

海源："怎么抢？"

我："让他来深圳跟我们聊聊呗。"

海源："你疯了吧？叫一个大老板飞过来见我们？"

我："那难道我们下周一去恒顿签完约，然后在上海顺便见他？再说了，恒顿的董事长不也来深圳见我们了吗？王童都来两回了。"

梁海源被我说服了，给叶烽发了消息。第二天是周五，海源给我发信息："老叶真的要来深圳见我们了，还带着李诞！"我故作镇定："那挺有诚意啊，什么时候来？""今晚！"

那个周末，叶烽在深圳完成了对我们的"截胡"，逗伴的成员最后一分为二，我、海源、程璐和思文去了笑果，也 So 和小猪去了恒顿。

在我们原本应该集体到上海跟恒顿签约的那一天，逗伴的成员只出现了两位。王童当天晚上在朋友圈发了一张自己一个人喝酒的照片，用了黑白的滤镜，配的文字是："搞不定别人，我总可以搞定自己的酒。"

两年后，我从笑果辞职，在上海创立了木更喜剧，接手的第一个大项目是东方卫视的《今夜百乐门》的第二季。在项目开始前，笑果从我手上签走了四位编剧，我当天晚上也发了一张黑白滤镜的照片，摆了同样的喝酒姿势，配的文字是："搞不定别人，我也总可以搞定自己的酒。"

不知道是不是因为这条朋友圈，时隔两年，我终于又能"看"到王童的朋友圈了。作为带着大部队"叛逃"的领头人，她拉黑我是再自然不过的事。在上海工作的两年，我们都没有见过面，虽然两家公司的地址相隔不到两站地铁——我甚至还悄悄去过恒顿的办公室看朋友。恢复朋友圈"邦交"后，我和王童见面喝了一次咖啡，聊了聊这两年的变化，聊得最多的当然是那个让我们都心有不甘的笑果。恒顿的喜剧节目没有做起来，我在笑果也没有获得自己想要的成功。临走时，我很认真地跟她说："不管以后发生什么，请不要再拉黑我了，我深夜指望着你发的美酒美食解馋呢。"

王童是我见过最懂品酒的人，她的朋友圈十有八九都是关于美酒和美食的内容，而且都是高端到我们难得一尝的品种。有时候需要招待一些重要的客人，我会特意去咨询她的意见，肯定能得到痛但满意的结果——满意的是客人，痛的是我的钱包。有一次，谢梦遥来上海找我吃饭，我带他去见王童，我们一起喝了一顿酒，谢梦遥回来后说："以后还是不要找她喝酒了，太高端了！不是喝不起，但真喝不惯啊！"

我关于笑果最不甘心的一点是，在我离开这家公司后，不管是在他们的官方叙事还是在外部的文章里，都从来没有出现过我的名字，甚至有些肯定无法避开我的故事也用"某编剧""某演员"这样的代称一笔带过。我有一次跟王童说起这点儿怨念，她说："你真是太天真了，怎么能奢求一家商业公司考虑你的个人感受呢？我给《今晚 80 后脱口秀》做了那么多事，用一集又一集的美国节目给全团队上课，这么多年有写过我一句正经的评价吗？你看我都不吱声了，根本无所谓。"我跟谢梦遥说了王童的故事，问他有没有兴趣给她写一篇特稿。谢梦遥后来专门采访了王童，在《笑果"吞不掉"单立人》这篇特稿里写到了一些跟她有关的故事。

这是王童离开笑果后第一次出现在脱口秀相关的文章里。我问王童："你对这篇稿子满意吗？""采访了那么长时间，就把我说的很多东西分散在不同的文章里当边角料用……不过很正常，我又不是圈子里的话事人，不值得浪费笔墨。"

我默然，两个不值得被《人物》浪费笔墨的人物，谈这个话题似乎有些伤感。

"我从恒顿出来自己做编剧公司了，写电视剧，根本跳出综艺圈子了。"我这才知道恒顿砍掉喜剧业务的真正原因，原来是王童走了。

"跳出脱口秀圈子，你会发现这里面的总体价值并没有你想象得那么大，真正看综艺的人其实很少。你也不要太介意了，人的运势都是波浪形的，从浪尖上掉下来也就是一瞬间的事，从坑里起来也是。"

"我现在就在坑里呢，我先躺着仰望一下星空。"

"哈哈，不至于。但我还是要劝你一句，别困在圈子里。"

我没再说话。脱口秀总体价值是不大。2012年，美国脱口秀演出的全国总票房才不过3亿美元，甚至比不上一部普通动作电影的票房。中国脱口秀发展了十年，十年的总规模甚至都不到这个数字。但我没法跳出来，这个圈子太有意思了，就让我这辈子都困在这里吧。

王童最后在聊天里略为不满地提了一句："我那么多拿得出手的作品，他［谢梦遥］都没看过几个。"我这才发现，其实除了《今晚80后脱口秀》和恒顿的几个节目，我对王童的其他作品基本也是一无所知。放下电话后，我找到她的豆瓣页面，才终于见识到了她的辉煌——

　　王童，恒顿传媒首席内容官、总导演，资深导演、编剧。

　　拥有十余年电视从业经历，从新闻、综艺到电视剧，从策划、制作到宣传推广，从艺人协调、沟通经纪到量身制作节目，再从商业合作到项目制作，均有丰富的经验和优秀的表现，历年来为数十台大型晚会、演唱会，甚至春晚担任过主力策划导演或撰稿。

　　2006年前，服务于湖南经视，先后担任新闻部出镜记者、总编室企宣研发及收视率分析、电视剧编剧；2006年至2015年服务于东方卫视，担任多档大型选秀综艺节目的策划主管和撰稿，后主攻脱口秀喜剧综艺，是《今晚80后脱口秀》的创始人之一，一手打造了脱口秀主持人王自健及背后的写手团队。她擅长多种类型的节目的研发、策划、执行，以及语言类节目主持人的培训和定位的打造。

　　编剧代表作有湖南经视的《悠悠寸草心》（2006年，全国收视冠军）、东方卫视的《青蛙王子》（2007年，播出时收视冠军，年度收视亚军）、东方卫视的贺岁剧

《极品大作战》（2013年）等。

综艺代表作（作为节目主力策划及撰稿）有东方卫视的《加油！好男儿》（2007年）、东方卫视的《加油！2008》（2008年）、东方卫视的《加油！东方天使》（2009年）、东方卫视的《谁是爆笑王》《今晚80后说相声》（2011年）、东方卫视的《今晚80后脱口秀》（2012—2015年，执行制片人）、东方卫视的《急诊室故事》（2014—2015年，总撰稿）、《急诊室故事第二季》（2015—2016年，总导演、总撰稿）、优酷土豆网的《小亮亮@好笑头条君》（2016年，总导演）、腾讯视频的《恶毒梁欢秀》（2016年，总导演）、芒果TV的《开普勒452b》（2016年，总导演、总撰稿）、爱奇艺的《晚安朋友圈》（2016—2017年）、浙江卫视的《食在囧途》（2016—2017年，总导演、总撰稿）、芒果TV的《放学别走》（2017—2018年，总导演、总撰稿）、湖南卫视的《生机无限》（2018年，总导演、总撰稿）等。

可惜王童的豆瓣人物简介只更新到了2018年，不然，后面应该还有很长一串作品名。

人物

叶烽

　　叶烽，笑果文化董事长，曾担任湖南电视台记者、制作人、出镜记者，湖南经视《明星学院》总导演，东方卫视《加油好男儿》制作人，《加油东方天使》制作人，《青蛙王子》总导演，东方卫视《今晚80后脱口秀》制作人，并曾被《新周刊》评为中国电视十大金牌制作人。

　　叶烽是从"电视湘军"湖南台走出来的，最初他只是电视台的实习生，由于表现出色，得到了当时"娱乐教母"龙丹妮的信任，经手了几档知名节目。2006年，龙丹妮出走东方卫视时带走了叶烽，制作了当时如火如荼的选秀节目《加油，好男儿》。结果干到一半，龙丹妮被湖南卫视劝了回去，叶烽却留了下来，一路从副导演干到了总导演。

以上是企业信息查询工具里对叶烽的描述，信息并不完整，没有把老叶最辉煌的《吐槽大会》和《脱口秀大会》的制作人身份写进去。如果让我补充，我一定会加上一句："叶烽，让中国脱口秀提速了十年的人。"

在《今晚80后脱口秀》时代，叶烽在节目组之外的存在感很低，只有节目的铁粉才会记得在王自健的段子里，偶尔会有对"老叶"的调侃。甚至我们这些节目的长期写手也没几人知道老叶这个人物。当然，老叶也不太了解我们，毕竟他不需要跟写手们直接打交道，除了李诞、王建国、赖宝三人组，写手里他最了解的只有程璐了。他对逗伴脱口秀团队的第一次了解来自我们2014的第一次上海演出，我打算在海报里用"《今晚80后脱口秀》核心编剧"这个名头来宣传，请执行制片人王童慎重地去请示了老叶，他大手一挥同意了，说："能专门来问了再用，说明这帮人还是不错的，有底线。"毕竟，那时候打着这个节目的名头出去忽悠的人太多了，我们这些核心写手如此慎重，源于对节目的敬畏。

我跟老叶的第一次对话进行到很晚，从深夜谈到了早晨。

2015年7月31日，周五，离逗伴脱口秀去上海跟恒顿传媒签约还有三天。老叶在下午得知了这个消息，晚上录完了最新一集的《今晚80后脱口秀》，带着笑果的另外两位合伙人李诞和小灭，从上海飞到了深圳来跟我们见面。我、程璐、海源和小猪四人在华侨城创意园的一粥粥铺不安地等着他们。这是我第二次跟老叶见面，上一次是我一年前去节目录"何弃疗"的时候跟他打了个照面，但没说上话。

老叶他们晚上10点才走进一粥，我们聊了两个小时还在扯闲话。粥铺在凌晨1点打烊，老叶说："走，去酒店聊。"那一晚，我们七个人把老叶房间迷你吧里的酒全喝光了，一直聊到了天亮。聊天的重点当然是他们劝我们选择笑果，但没有谈任何具体的条件，一切都是理想主义式的劝说——几年后回望，这些在当时看来很像"画大饼"的计划竟然——得到了验证！五年后，恒顿传媒放弃了喜剧，但做出了《急诊室故事》《人间世》《忘不了餐厅》这些豆瓣评分超9分的节目；而笑果文化不管节目评分如何，一直只做喜剧，并且成为当时市场上唯一一家能做脱口秀节目的公司。

那天夜里聊的细节没太多好说的。天亮的时候，我们所有人都已经精疲力竭。我们答应老叶，回去多考虑一周再做决定。这个故事被谢梦遥写到了《"笑果"吞不掉"单立人"》那篇特稿里，我引用一下：

2015年夏天的一个夜晚，叶烽匆匆地从演播厅赶往机场，几个小时前他收到消息，深圳的程璐、梁海源等几个演员——同时也是《今晚80后脱口秀》的写手——准备和王童签约了。

王童是叶烽长期以来的二把手，不久前加入了综艺制作公司恒顿文化。王童曾向叶烽承诺，不会做脱口秀类竞品，但现在，她改了主意。恒顿已有了三轮融资，粮草充足，在私人关系上，演员们也与王童近得多，经常"混在一起吃夜宵、喝酒"。天平正向那边倾斜，就连塔罗牌也是这么说的，深圳演员小团体中唯一的女性思文算过一卦，"去恒顿会很有钱"。

程璐等人聚在深圳的一家夜宵店。近午夜时，叶烽赶到了，与他一起的还有李诞和《今晚80后脱口秀》执行制片人——未来的四位公司合伙人到场了三个。他们聊了一个通宵，次日中午，叶烽在海鲜饭店开了包间，边吃鲍鱼边继续聊。

李诞说到尚未投入实质运作的公司的名字："我们叫笑果，你就很明显看到我们就只能做喜剧。他们叫恒顿，它什么东西都可以做"。他从同为喜剧从业者的角度出发，很详细地阐释了笑果的理念与抱负。天平开始摇摆了。

"他们知道一定要程璐嘛。虽然他写得没那么多，但中稿率很高。几次现场表演，程璐也是我们这帮人里面效果最好的。"当时也在被游说之列的演员洛宾说。他们对那顿饭的统一印象是，鲍鱼太难吃、太贵了。

程璐告诉两方，请给他时间冷静考虑，一周之后做出决定。

"我傻乎乎的，这一个星期真没找他，结果老叶和贺晓曦（笑果 CEO）天天都在找他。最后程璐就觉得好像笑果更有诚意，就去了笑果。"5 年之后，王童与《人物》谈起这段往事，"其实我放弃程璐他们团队最大的原因，没争到底，我是尊敬叶烽的，我不希望跟他翻脸。我宁愿让给他。所以这说明我这人不适合干商业，就不适合做生意。"

程璐、梁海源后来成为笑果编剧阵容的关键人物，一同进入的思文则成为节目的初代"脱口秀女王"——在男性演员垄断的舞台出现的一个自信、独立的先锋女性形象。

那天夜里长谈的人不包括也 So，他刚好不在深圳。从老叶的房间出来后，我们分别给王童和也So发了信息，希望多考虑一周再做决定。他们的回复都很平静，但并没有如《人物》特稿所说的那样，一周时间内什么都没做。王童当天就飞去了北京，把她最看好的演员小哈签了下来，也So也如约在3天后去了上海，并且在接下来的几天里，说服小猪也签下了恒顿的合同。

王童在接下来的两年里拉黑了我的微信，因为她觉得是我带头"叛变"的，事实也是如此。在第二天中午那顿著名的"鲍鱼宴"开始前，我很坚决地对另外几个人说："不管我们最后去不去笑果，但我不打算去恒顿了，因为我觉得我在那里不会受到重用。"

那个周末，老叶一个人留在深圳，他的目标是让我们直接签合同。在吃完鲍鱼后，我们依然坚持要多考虑一周，这让他有些失望。在老叶回上海后，我打电话跟他说了自己不去恒顿的决定，试探着问："如果最后只有我一个人想来，他们都去了恒顿，你会签我吗？"老叶斩钉截铁地说："那肯定签啊！"

出乎意料的是，最早签下笑果合同的反而是程璐、思文夫妇。我在得到老叶的承诺后，开始安心地准备签约的事情。程璐、思文中间去了一趟北京，然后打算从北京去上海跟王童见面详聊。老叶知道这个消息后，打电话问我怎么办，我说，他们是最早的一班飞机到上海，你不如试试去机场"截胡"吧。李诞对这个提议很不爽，因为老叶要一早把他拖起来去机场，他给程璐打电话说："程哥，要不你们直接签恒顿吧，我早上起不来。"话虽这么说，他和老叶真的一早去了机场，把程璐、思文"劫持"到了办公室。程璐在电话里跟我一条一条地商量合同的细节。两个多小时后，他们签下了这份经纪合同。笑果CEO贺晓曦拍下了程璐、思文签字的那一刻，马上发了朋友圈。

　　在深圳会晤后，老叶交给我们一个任务，写一份脱口秀节目的策划书。我们明白这相当于"投名状"，能让老叶知道我们除了会写段子，还会些别的。我们非常认真地看了很多参考资料和国外节目，写了差不多2 000字的节目策划书，给节目起名《我是脱口秀演员》。因为当时还没签合同，我和程璐、海源联名拟了一份保密协议，让老叶签了，才把策划书发给他。虽然最后节目没做出来，但当时我们对这份策划书可谓信心十足，在策划书的概述里我们这样写道：

《我是脱口秀演员》的节目看点：

1. 真人秀能让观众真正了解明星与写手的真实能

力，创作过程中的波折和冲突别具趣味，可以让观众感受到像 Project Runway 和 Top Chef 这种热门真人秀的魅力。

2. 挑选写手和决定参赛者的顺序，能体现策略和智慧，呈现出"田忌赛马"般的智慧角力。

3. 写手参与表演能发掘和培养民间脱口秀明星，写手如果在比赛中打败明星，将会制造出热点话题。

4. 布置成脱口秀剧场的演播厅，以及每场全新创作的内容，能让观众体验到真正的脱口秀表演，大力推动脱口秀艺术在中国的发展。

5. 本节目为 100% 原创，娱乐性强，比赛紧张激烈，个人与团队作战兼备，非常适合通过电视呈现。极有可能作为原创 IP 反向输出到美英等脱口秀大国。

我们到笑果后做的第一个样片是《吐槽大会》，这是真正让这家公司一战成名的节目。在这个节目里，老叶最让人印象深刻的事情有两件：一个是他从一开始就决定把《吐槽大会》做成 10 集的季播节目；另一个是节目的大胆程度远远超出了我们的想象，对于这一点，看过《吐槽大会》的人应该都深有同感。

　　编剧最敬重的就是懂行的领导。我在到笑果后不久就一直念叨一句话："叶烽是我见过的喜剧审美水平最高的电视制作人。"到今天我依然在说，而且一定要把这句话写进书里。一档喜剧节目好不好看，编剧、演员、制作团队都不是最关键的因素，最关键的是制作人的审美水平。制作人有最后的拍板权，而且拍板不是在最后审片的那一刻才体现的，而是从第一稿内容形成的时候就开始了。如果第一稿的审美就没水平，后面再怎么折腾，质量都好不起来。我在笑果待了差不多两年，几乎没见老叶缺席过任何一次读稿会，可能也有不少烂段子是经他指缝才漏进节目里的，但遇上好段子，他一定能笑出来，而且一定会拼了命地想把好段子留下来。至于录制现场的导播间，那更不用说了——在读稿会上，老叶偶尔还会被编剧们"轰"出去；但是在导播间，跟任何强势的制作人一样，那里就是他的铁王座，没有任何人能不看他脸色行事。

　　正是因为这种审美水平，才让笑果做出了这么多专业的脱口秀节目，打造出这么多从草根变成明星的脱口秀演员。不管现在节目的豆瓣评分如何让人吃惊，不可否认的是，当时只有笑果文化一家公司做出了真正的脱口秀节目！这就已经堪称了不起了！"让中国脱口秀提速了十年的人""笑果文化最大的核心竞争力"，这是我在任何地方提到叶烽时都会用到的言辞。作为一位曾给 10 家以上电视台当过喜剧编剧的人，我非常肯定这些话并非溢美之词。我离开笑果已经 6 年了，这家公司目前也在风雨中飘摇不定，这时候去赞扬他不为别的，只是想实话实说。

　　具体来算，我在笑果工作了 19 个月，遭遇了很多不开心的事，工作上犯过错，也有误会，也曾被老叶毫不留情地吼过。但每一次，我都能清晰地感受到他"对事不对人"的态度——我在笑果的最后阶段感受到的温暖也都来自老叶的这种态度。

　　在笑果的最后两个月，我一直在忙的事情只有一件，跟叶烽提辞职。

　　2017 年 2 月的春节，我在深圳的家里过年。这是我在笑果工作的第 17 个月，我酝酿着节后回上海辞职的事。大年初一，老叶发微信问我如何从深圳去香港，因为他要带着家人去度假，想用一种最舒服的方式过海关。我们在微信上聊了很久，给他确定了最详细的路线后，我突然想着干脆这会儿告诉他辞职的事吧，就把早已修改了无数遍的辞职申请直接给他发了过去。老叶很快地回了一句："辛苦了，感谢！容我想想。新年快乐！"收到这句"新年快乐"后我才突然想起，今天是大年初一啊！梁海源知道后曾吐槽我："大年初一添堵，人家还要去度假呢！我要是老板就马上炒了你！"

开春后，我跟老叶聊了三次辞职的决定，两次在上海，一次在深圳。在最后一次的聊天中，老叶略带恼怒地吐槽了一句："老子干了这么多年，因为工作而单独聊天最多的人就是你了！你小子脸还挺大！"我尴尬地笑了笑，老叶也笑了。但我们都知道，因为那道大家都无法逾越的障碍，离别是势在必行的事。

离开前，我给老叶写了一封很长的辞职信，信的最后写道：

> 不管如何，我都要发自真心地说：叶导，您是我遇到过的国内最懂喜剧的制作人，不管是您一手打造的《今晚80后脱口秀》，还是《吐槽大会》和《今夜百乐门》，这些都是真正的喜剧，领先国内任何其他喜剧节目一大截。如果我有可能再次为笑果工作，最主要的原因必然是您。只是目前，我在这个公司遇到了无法逾越的障碍，而我不愿意悍然死磕，所以只能选择离开。
>
> 感激相遇的一切！祝笑果越来越好！

　　我在 2017 年春节后除了回去参加了年会，就再也没有回上海上过班，笑果一直给我发着全额的工资，发到了那年的四月底。

　　谢谢老叶！

　　您应该不是忘了通知财务吧？

人物

李诞

我在笑果文化无法逾越的那道障碍，叫李诞。

早在开始讲脱口秀之前我就注册了微博，想成为一名段子手，那时候就听说了"自扯自蛋"——李诞的微博曾用名——的大名，他是微博最早一批知名段子手之一。后来我给《今晚80后脱口秀》投稿，才发现他在节目刚开始的时候就已经加入了，并成了最重要的内容责编。在段子里，他一直被王自健称为"蛋蛋"。

我给节目组投稿了两年多，一直不知道内容责编们对我的评价。但从收到的稿费金额来看，我勉强还算得上节目的核心写手，年终还收到了节目组的奖金，打听了一圈，收到这笔奖金的也就十来个人。2014年，我被邀请在节目的"何弃疗"环节里表演，终于第一次见到了李诞，简单地和他聊了两句，拉着他和王建国跟我合照。他俩很贴心跟我拍了两个版本，一张是正常站着的，一张是他俩弯了腰显得跟我一样高的——他们都比我高 10 厘米以上。

再次见面的时候，李诞已经是笑果文化的合伙人了，老叶带着他到深圳跟我们谈签约。在老叶酒店的房间里，李诞给我的感觉是潇洒的，跟他的段子一样潇洒。这位未来的领导一边喝着酒，一边云淡风轻地说服了我加入笑果。

我们美好的记忆，也就这几个片段了。

2016 年年初，我到了上海，加入笑果成为艺人和编剧，同时兼任《今晚 80 后脱口秀》的编剧统筹，把一些水平很高，但已经很久没投稿的写手找回来写稿，还拉了几位从没投过稿的高手进来，比如唐突和刘备很忙。为了完成这项工作，我花了好几天，把节目组的投稿邮箱里好几年的邮件都看了一遍，把写手的资料做成了一张详细的 Excel 列表。在一次公司的会议上，我汇报了这些工作，李诞笑得很开心："哇，太厉害了！如果让我来做这些工作，我肯定辞职了！"这是很典型的李诞风格，作为创作者，他可以很轻松地用一条段子让大家笑出来；但作为职场上你的上级，你真的不知道那一刻，你的老板是什么态度。

在后来跟李诞的一次工作冲突中，他说了真心话——他

不喜欢我的段子。我曾经在某次酒后跟记者谢梦遥说起那次
冲突的起因，他在那篇题为《李诞：浅薄如水》的特稿里，
把这件事写了进去：

　　　　他总是嬉皮笑脸。这种态度不是在所有场合都奏效
　　的。在一次外出商演前，他用临时排出档期的王建国顶
　　替了另一位本已安排的演员冯立文。当着所有人的面，
　　他是这么通知冯立文的："我有一个好消息，一个坏消
　　息，你想听哪个？好消息是，你明天可以休息了。坏消
　　息是，你的演出取消了。"冯立文感到愤怒和屈辱。在
　　他表达抗议后，李诞言辞诚恳地微信道歉过两次。

　　　　"我喜欢这样嘚嘚瑟瑟的，贱不溜嗖的，但是我不
　　爱伤害别人。我觉得把一个人弄难受了没什么好玩儿
　　的。"李诞说。

　　谢梦遥没写细节，我在微信上跟李诞"表达抗议"的过
程中聊了很多，聊到最后，双方都已经不太客气了。在李
诞说完不喜欢我的段子后，我说："那以后你主导的项目，
我就尽量不写了。"我敢说出这句话，是因为我那时候已经
在《今夜百乐门》里证明了自己，我发现自己写 Sketch 的

能力一点都不输写段子，甚至有过之而无不及；而这个节目，李诞连一个字都没有参与。喜剧有很多种，而笑果文化是一家勇于开拓喜剧边界的公司，我在这里并不只有写段子这一条单行道。

这句话毫不意外地激怒了李诞，他说："我是公司的内容总监，并不是说你想不写就不写的。"我说："对，你是领导，你让我写什么我就写什么。但既然你不喜欢我写的东西，我写出来了你还得看，看完又不用，这不是互相折磨吗？"他没有回我这句话——聪明如他，肯定不愿意自寻烦恼。那时候，笑果文化已经退出了《今晚80后脱口秀》，《今夜百乐门》项目正在进行，新版的《吐槽大会》也在筹备——我习惯把2016年录制的，至今无从查看的那四集《吐槽大会》称为"旧版"，把2017年正式在腾讯上线的节目称为"新版"。除了《吐槽大会》，在离职之前，我再也没有参与过任何由李诞主导的节目。

从那一次被临时替换的演出开始，我有意识地逃避公司派给我的演出任务，每一次都以忙于公司其他工作的理由搪塞了过去——笑果的经纪约里有一条规定，如果公司超过12个月没有给演员安排演出，演员就可以单方面解约。一年后，我如愿解约。

但我还是很喜欢参与笑果的编剧工作，毕竟也只有这家公司很懂怎么做脱口秀节目。压垮我的最后一根稻草是"新版"《吐槽大会》。这个项目在2016年的年底启动，那时候，公司把编剧分了组，我跟数量不多的几位编剧继续留在接近尾声的《今夜百乐门》。等百乐门项目结束，我们去《吐槽大会》时，组里已经没有多少适合的坑位了。于是，我们被分配到了剧本打印室或提词器等岗位。虽然说工作无高低贵贱之分，但能当脱口秀编剧的人多少都有些骄傲，特别是几位刚从一个成功的项目里转过来的编剧，打印室的工作并不能让我们感到很自豪。这种落差让我们在打印室里陷入了一种奇怪的氛围当中，我们一边抱怨工作，一边默默地把对老板的不满藏在心里——每个人都想脱离苦海，同时担心有人比自己更早脱离这个苦海。实际上，这个工作一点儿都不累，最累的是看着需要打印的剧本上自己的段子越来越少，因为责任编剧在跟明星对稿的过程中会不断打磨段子，磨着磨着，我们这些"置身事外"的编剧写的一些段子就会被磨到失去原本的署名。

我在自己的想象里，认定了是李诞做出的这个安排，但理智告诉我这不太可能。毕竟他是这个节目的策划人，他要操心的事情多了去了，把不喜欢的编剧"打入冷宫"这种事真没必要让他费心。谢梦遥在同一篇特稿的采访里也问了李诞这个问题，他的回答是："那不是我安排的，我怎么会安排这么细致的东西？但我觉得安排编剧去打印是一件很傻的事情，这个人我也骂过。我说再怎么样，他也是个编剧，你怎么能让人家……你是不是疯了我去！我觉得这也很过分！"

不管是谁的安排，剧本打印室被大家戏称为笑果编剧的"冷宫"。曾经在打印室里工作过的编剧，最后全都主动辞职，走上了创业或自由职业的道路。我是走得最早的一个，而且我在"冷宫"里还遭遇过一件至今不能释怀的事。

《吐槽大会》的某一期嘉宾是我的大学师妹，也是著名主持人。我曾经推荐过她上《今夜百乐门》，但档期不合，最后她来了《吐槽大会》。师妹来的时候我正在打印室工作，她的责任编剧是另外两人，都是我一手力荐加入笑果的年轻人。师妹在化妆间里给我发微信，说自己很紧张，对一些段子也不太有信心。我跑去化妆间给她分析稿子，那位一直把我当作大哥看待的年轻编剧从外面走进来，大声地笑着问道："洛宾哥，你怎么在这里？你不是应该在打印室的吗？"

我离开笑果后，拉黑了这名编剧。在离职前的公司年会晚宴上，我喝多了，靠在椅子上闭目休息。相熟的同事都知道我已经提交了辞职信，时不时有人过来跟我合照。我猜自己的睡相应该很难看，可能口水都流出来了，引得那时还染着一头粉红头发的李诞也站在椅子旁给我拍了张照片。我睁开眼，他笑眯眯地问："你说，我是不是你在公司里最讨厌的人？"我也笑了，小声说了句："你还不配。"那一刻，李诞的眼神里有一丝疑惑。

很多人都不明白我为什么选择在2017年的年初辞职，笑果的合伙人小灭——就是当初和老叶、李诞一起去深圳劝我们签约的三人之一，甚至很直白地跟我说："我知道你在这里不开心，但马上就到收获果实的时候了，真的需要现在走吗？"我很难回答这个问题，为什么在果实成熟之前离开，可能仅仅是因为我不喜欢吃水果？或许，我更不能接受的是，如果留下来等着摘果子，到了秋天的时候才发现，我根本连上树摘果的资格都没有呢？我该在树下等着"捡漏"吗？

到了2023年年底，我离开笑果文化已经快7年了。这7年里，我偶尔想过，有一天我会不会再次回到这家公司。今年，我数了数，在这家公司的前同事里，被我拉黑的人数已经快超过两位数了——而拉黑我的估计也早就超过了两位数，等这本书出版的时候，数量只会更多。我离开后也一直关注着那些曾经并肩作战的伙伴，发自内心地感激这家公司为中国脱口秀做出的贡献，但这份感激的名单已经越来越短了。

在离职前的一次交谈中，我向老叶坦诚，笑果文化是我工作过的第7家公司，虽然是赚得最多的一家，但也是让我感觉自己最失败的一家。老叶很不解，我说："我在其他公司都很快做到了某个领域的顶尖，但只是因为那些领域一眼看得到尽头。在笑果，我看不到天花板，这本应是我最想拼尽全力奋斗的领域，但在这里，我有跨不过去的障碍……这种感觉，真的很让人觉得挫败。"

几年来，我也一直问自己，那道障碍我是真的跨不过去吗，还是我根本就不想走一条有巨大障碍的路呢？离开笑果后不久，我把自己的微信签名改成了"唯爱与创作不负我"，此后一直没再改过。在创作的道路上，有无数的更大的障碍，但我可以义无反顾地一直跨越，因为这些障碍上面只写着我自己的名字。

行业

中国国际喜剧节

2016年年初，上海的功夫喜剧把俱乐部搬到了上海静安区襄阳北路1号的新地址，打造了一个极具美式脱口秀俱乐部风格的场地。新场地投入正常运营后，主理人Andy决定办一届中英文同期进行的喜剧节。经过一番筹备，从全国各地报名者中选出20名脱口秀演员来到上海，进行了为期2天的3场比赛，决出了首届喜剧节冠军。此后连续两年的4月至5月这段时间，功夫喜剧都举办了喜剧节。2018年，报名人数已经过百，初赛人数扩充到了33人，并且联合了笑果的噗哧脱口秀俱乐部一起举办。这个由澳洲人柯安迪（Andy Curtain）发起的，在上海举办的"中国国际喜剧节"（China International Comedy Festival，CICF）成为中国脱口秀界一年一度的盛事。

以下是 2016 年第一届喜剧节的概述：

评委：

加拿大"国际幽人"大山

"幽默小区"创始人 Tony Chou

《今晚 80 后脱口秀》主编李诞

初赛 1

时间： 2016 年 4 月 1 日 19:00

地点： 功夫喜剧俱乐部（上海市静安区襄阳北路 1 号 4 楼）

选手名单：

COM（北京）

默默（上海）

小鹿（北京）

程璐（上海）

小王（北京）

张博洋（深圳）

解晓耕（西安）

艾杰西（Jesse Appell）（美国籍，北京）

史炎（上海）

还珠弟弟（北京）

初赛 2

时间：2016 年 4 月 1 日 21:00

地点：功夫喜剧俱乐部（上海市静安区襄阳北路 1 号 4 楼）

选手名单：

洛宾（深圳）

王思文（上海）

石老板（北京）

宋启瑜（北京）

赵兴 freeman（上海）

Drew Fralick 朱子龙（美国籍，上海）

冯子龙（深圳）

梁海源（上海）

博博（北京）

大力（上海）

决赛

时间：2016 年 4 月 3 日 18:00

地点：功夫喜剧俱乐部（上海市静安区襄阳北路 1 号 4 楼）

选手名单：

小王、石老板、COM、思文、小鹿、Drew Fralick 、史

炎、赵兴 freeman

决赛规则：

每位参赛者的表演时间为 10 分钟（内容需与初赛完全不同）

（表演到第 9 分钟时，红灯会闪动一次提示还有 1 分钟时间；10 分 30 秒时红灯长亮，评委将开始计时，扣除超时分。从 11 分钟起，每隔 15 秒钟将扣除相应超时分。表演不设最短时间限制。）

冠军：石老板

亚军：小王

季军：COM

第一届喜剧节的相关报道（内容有部分删节）：

生活不止眼前的苟且，还有诗和脱口秀

（"噗哧"公众号文章，作者：盖柴小姐，2016 年 4 月 10 日）

今年愚人节是个周五，从白天到傍晚我都没有碰到什么恶作剧。下午6点，我直接打车前往襄阳北路的功夫喜剧俱乐部看第一届中国喜剧脱口秀节的初赛表演。之所以这么赶时间，是因为有朋友告诉我"小王会参加，初赛第一个上"。小王是我挺熟悉的一个脱口秀演员，我不希望去晚了没赶上。

我之前对功夫喜剧场地的印象是"很有氛围"。我尽量不用"专业"这个词，不然显得没掺个人偏好，不太真诚。虽然他们的布置根本就是专业。上楼后，穿过吧台就可以进入表演间，台下是观众座椅，台上挂着俱乐部的一个logo牌，竖着一个话筒和一把高脚凳，简单。

与最著名的纽约Comedy Cellar俱乐部一样，这里没有后台或隔间，演员需要走进观众进来的相同的那张门，经过观众的座位，然后上台。

其实主办方对这次脱口秀节的宣传已经做了很久，2月份已经公布初赛入围名单。所以朋友推荐去看以后，我很快查到了参赛名单和评委阵容。一进门就很意外地看到已经坐在观众席角落的评委：大山，《今晚80后脱口秀》的蛋蛋，以及中英文脱口秀演员Tony Chou。评委原定是四个，崔永元有事来不了，之后正赛有两三个选手还拿他缺席这件事讲了几个不错的段子。

晚7点，主持人还没有上台，坐我前排的两个女生还在讨论要不要染和评委蛋蛋一样的粉色头发。陆续进来的观众，也陆续像我一样发现了评委，和刚进场找座位时相比，眼神由好奇变到兴奋，或兼有起来。戴眼镜的学生、澳洲来的金发姑娘、捧着咖啡杯的、拎着酒瓶的，趁着台下灯没有全暗下来时，找评委聊天合影。直到比赛开始。

初赛分上下半场，每半场 10 个演员，中场有休息。每半场表演结束以后，台下就不一样了。虽然没有观看时掀翻屋顶的掌声和笑声，但是观众离场的气氛流动不安，很燥。有没说话直接下楼回家的一拨观众，更多的人则是激动地起身去找喜欢的参赛演员拍照留念，结伴来的观众在回味刚听到的段子并讨论，还自己点评吐槽一番，估计是先念一遍增强记忆，回去好发微博和朋友圈。

初赛最后环节是大山总结并宣布决赛名单（他的普通话好像是所有上台的人里最标准的），综合分数评下来，得分最高的 8 个脱口秀演员进入 4 月 3 日的决赛。决赛场水平自然更高一些，效果火爆，但我个人的感觉是，很多参与的演员因为没抱着非要进决赛的心，在初赛时心态就很放松，初赛出来的气氛效果其实并不比决赛逊色。

作为一个普通单口喜剧爱好者，我之前看过一些现场的中文表演。这一次，也许是精选了很多省份，甚至不同国籍的喜剧演员的缘故，段子整体水平尤其显高，观看感受也很棒。平素看来已经算是冒犯类大刀的地域歧视梗，第一个上台的演员就讲开了，之后上的演员也一点不留情，可以说爆场。所以到后来铺陈开的段子，很多是更冒犯、脑洞更大的。心情到位了的演员还会即兴调戏评委，随机嘲笑观众，当然还少不了骂自己。

也有清嘴的，用的都是生活观察里纯粹好玩的笑料，舍弃冒犯内容，不挠尺度的痒痒就能逗乐观众，很难得。还有慢条斯理弹冷谱的，用逻辑和结构陷阱打败你，有些段子中间会停顿很久，台上沉默着而台下乐不可支，颇有美式尴尬喜剧的效果。老实说，有些地方可能演员自己都不是故意的。不过观众开心就好了，谁管呢。

他们之中有律师，有中文非母语的，有喜剧节目资深写手，还有天分颇高的"95后"。怎么讲，就算你是第一次去看，不认识其中大部分喜剧演员，这种多样性也能值回票钱。

亮点

决赛有两位女脱口秀演员入围，口味和级别一点都不比男演员轻。确切一点说：特，别，污。美女思文的模仿能力让人印象深刻，既能嗲又能吼，连续说了几个重口味段子，台下反应热烈，她接着说"下面我讲个清淡的好了，"停顿了一下，"在场女观众有伪装过高潮的吗？"女观众们停了半秒之后，大笑鼓掌。另一位是操着东北口音的云南人小鹿，做律师的经历使得她拥有特别丰富的素材，段子基本上超越了滑稽，又写实又荒诞。当然，也很污。

决赛结束后小鹿发了一条微博说："脱口秀比赛，名次啥的一点都不重要，重要的是拿冠军啊！"

于是，我决定着重介绍一下冠军石老板的表演。

现场脱口秀水平和演员本身实力有关，但很多时候也取决于临场发挥、观众等各种因素，不像音乐现场，只要嗓子等硬性条件没坏你就能唱过那几分钟。美国很多单口大咖成名后也经历过现场尴尬的时刻，每一次上台其实都是重新开始，惊心动魄。

石老板的演出让人放心得就像去看好的院线电影，你买票时就知道它会很不错，进场之前只需要心里有数地买一桶爆米花就行了。他的段子节奏流畅，内容明快，结构设计也很巧妙，有时带着一些观众专注听后会意外发现的惊喜。

这个谦虚的全能大宝宝，即兴喜剧表演经验丰富，英文和中文脱口秀讲得都好——即使两种语言呈现的段子内容非常不一样。本次喜剧节闷声拿了个冠军，还很理（wu）

性（chi）地分析说其实这次不算自己最好的水平，同样还依赖于观众买不买账。

石老板总结，初赛和决赛之所以气氛这么热烈，首先，专门过来看的可能很多是演员或评委的粉丝，有部分还是脱口秀演员的亲友，对演员的支持和段子尺度的包容度都很高。

他也提到另一个原因是功夫喜剧的场地"非常、非常好"，刨去刚才说的粉丝和亲友因素，整体效果也比他们平时在其他地方演出中文脱口秀时要火爆很多，这里的观众集中注意力、进入状态的速度比较快。

写这篇稿子时，我一直在想要摘些什么来写，后来真的挑不过来。仅仅两晚的时间，20段初赛表演，8段决赛表演，3个不同风格的主持人，比赛结束后的重磅级大山专场，还有值得一提的搞笑魔术师凌浩的客串。内容真的很多很多，朋友们，明年去看下一届吧。

明年，中国脱口秀喜剧文化不知会发展得如何，希望有更多好的演员加入。也希望你看现场脱口秀看得开心，享受观看的过程。

以下是 2017 年第二届喜剧节的简述：

评委

脱口秀译者谷大白话

《今晚 80 后脱口秀》卡司史炎

第一届喜剧节冠军石老板

初赛 1

时间： 2017 年 4 月 29 日 19:00

地点： 功夫喜剧俱乐部（上海市静安区襄阳北路 1 号 4 楼）

选手名单：

庞博

张博洋

艾杰西

近松贵子

啸雷

哈利木拉提·赛尔达尔

冯子龙

Norah

大力

COM

初赛 2

时间：2017 年 4 月 30 日 19:00

地点：功夫喜剧俱乐部（上海市静安区襄阳北路 1 号 4 楼）

选手名单：

Drew Fralick 朱子龙

思敏

多多

博博

默默

Rock

小鹿

康远昭

皮球

周奇墨

决赛

时间：2017 年 5 月 1 日 21:00

地点：佳都剧场（上海市长宁区延安西路 719 号佳都大厦 4 楼）

选手名单：

周奇墨、博博、张博洋、COM、Drew Fralick 朱子龙、艾杰西、Rock、庞博

冠军：周奇墨

亚军：张博洋

季军：Drew Fralick 朱子龙

第二届喜剧节的相关报道（内容有部分删节）：

上舞台，演自己

（"单立人 comedy"公众号文章，作者：Icy，2017年5月2日）

"上舞台，演自己。"

简单的一句 slogan 用最平实的口吻讲出单口喜剧这种艺术形式的内核，也是单立人喜剧一直信奉的精神。

去年此时，同样在上海 KungFu Komedy 的百人场地中，当主持人宣布石老板获得冠军时，作为见证着他一路从一个执着的爱好者到职业单口演员，从一掷千金为佳肴（对，不是佳人）到一穷二白吃盒饭的老友，我忍不住流泪了。而他红扑扑的无邪娃娃脸上却是志在必得的平静。也许对于他

而言，呈现了一次真正高质量的单口演出，远重要于比赛。冠军不是追求，而是水到渠成的结果。

《吐槽大会》作为 2016 年现象级网综，不仅让大众感受到喜剧精神，认识了单口喜剧，也让更多中国单口演员和爱好者意识到这是一个逐渐成为产业、值得作为职业的领域。因而今年的喜剧节中文场，无论是报名人数，还是选手水平，都是长江后浪推前浪的阵势。

周奇墨一直被称为"观察喜剧大师"。最近石老板说，这个标签该换了，奇墨的表演风格已经不再是纯观察式的。但是我想了很久，始终找不到其他特别合适的标签，因为"大师"二字，总感觉是他自带的气质。温柔的谦和的智慧的沉静的执拗的。有不少观众看过他演出后都说，这比之前看的脱口秀更高级更引人思考。我想，这可能也就是这届喜剧节，大家哪怕在比赛开始前，都对他寄予厚望，说他是准冠军（的原因）。最终的结果即是人心所向，恭喜奇墨。

Rock 的各种宣传照都没他本人帅，本来这次五一要安排给他拍一组好看的宣传照，但因为要到上海参加比赛，就先搁置了下来。西北汉子总是天生很 man，更何况 Rock 是做 CrossFit 的，每次看到舞台上那张似笑非笑的面孔配着这一身紧实的肌肉，一开口就让人忍俊不禁。这次喜剧节，他用了最近打磨好的经典段子，非常细腻地处理了每一处表演，在竞争异常激烈的初赛2中挺进决赛，状态越来越high，真心为他高兴。

很多人初听小鹿讲段子，以为她是30出头的御姐，越接触越发现原来是个特别有朝气特别臭美的小丫头。那股不吐不快的可爱劲儿，和不做不休的执着劲儿，让她发出不灭的光。《日谈公园》的小伙子称她为"女神"，她有点憨憨地笑，而每次演出前瞄到她神情严肃地准备段子，我相信任何人都会有像小伙子一样的赞叹。

这次比赛，出乎所有人意料的，可爱的小鹿止步初赛。宣布结果时，我看到她侧脸的一抹惊诧，忍不住想去摸摸她的头。可是这家伙，当晚去外滩吹了吹风，第二天就改签了车票开始撒丫子玩了起来。小鹿，we love you and your day will come。

单立人的好朋友博博、Jesse（艾杰西）、Joey（康远昭）也给上海观众带来了很棒的表演，开挂了似的博博，继初赛引爆全场后，又在决赛中用他一贯有内涵的段子掀起层层笑浪。Jesse作为唯一参加中英文两场比赛的北京选手，让上海的朋友们见识了京片子的幽默。

第二届上海喜剧节落幕，单口喜剧愈发朝气蓬勃。无论是正在全国各地开花的单口俱乐部，还是《未来吐槽王》这种王牌团队打造的线上脱口秀选秀节目，都在给每个单口演员和从业者更多的信心、更大的决心。

"上舞台，演自己"。我相信会有越来越多的人走进剧场感受单口的魅力，然后被吸引，然后尝试靠近它，钟情并献身于它，就像我和我的伙伴们一样。

以下是 2018 年第三届喜剧节的概况：

评委

字幕组译者盖柴小姐

噗哧脱口秀 CEO 史炎

第二届喜剧节冠军周奇墨

初赛 1

时间：2018 年 5 月 25 日 19:00

地点：功夫喜剧俱乐部（上海市静安区襄阳北路 1 号 4 楼）

选手名单：

刘旸教主

六兽（石晓宇）

谢新爵

谢国君

Joey（康远昭）

小猪（张国良）

胡豆豆

Norah（杨梦琦）

冯子龙

呼兰

小鹿

（小组前三名依次是刘旸教主、呼兰、小鹿）

初赛 2

时间：2018 年 5 月 26 日 18:00

地点：功夫喜剧俱乐部（上海市静安区襄阳北路 1 号 4 楼）

选手名单：

欧阳超

老田

付宽宽

小罗（罗铭）

陈扬 CY

沈清

马鸿宇

王璐

悟饭

大雄（陈业雄）

博博

（小组前三名依次是博博、悟饭、陈扬 CY）

初赛 3

时间：2018 年 5 月 26 日 20:00

地点：功夫喜剧俱乐部（上海市静安区襄阳北路 1 号 4 楼）

选手名单：

何梓维

书恒

戴为

王颖

大力

威哥

啊水

杨少华

杨笠

三弟

江鹏

（小组前三名依次是三弟、威哥、啊水）

决赛：

时间：2018 年 5 月 27 日 19:00

地点：噗哧 HUB（上海市静安区北京西路 1013 号 7 楼有营 HOUSE）

选手名单：

小鹿、啊水、陈扬 CY、呼兰、悟饭、威哥、刘旸教主、博博、三弟

冠军：刘旸教主

亚军：三弟

季军：博博

第三届喜剧节的相关报道（内容有部分删节）：

Comedy brings people together！

（"单立人喜剧"公众号文章，作者：Crisa，2018年5月28日）

北京时间5月28日，在皇家马德里连续第三次捧起大耳朵杯的这天，第三届中国国际脱口秀喜剧节也迎来了高潮。

相较于几十亿人瞩目的欧冠，脱口秀喜剧节似乎显得有些"小众"，不过这也跟线下脱口秀在国内的境遇相似。

教主在赛后发微博说："今晚荣耀不属于任何个人，今晚的荣耀属于所有单口喜剧从业者。"

即便到现在，国内的单口喜剧从业者不过百人，其中绝大多数还不能做到完全以此为生。而他们能够走到现在，靠的只是热忱与坚持，以及坚定地相信，做这件事是有意义的。

比赛现场的掌声笑声欢呼声此起彼伏，但单口喜剧，绝不仅仅是把好段子展现给观众逗大家开心这么简单。

博博在决赛现场讲述了他被性骚扰的故事，其实在赛前，几乎所有我所相识的演员都反对他讲这个段子，因为这是他不久前才写出来，还未完全被验证百分百炸场的内容。但他还是义无反顾地选择讲这个段子，因为我们认同，上舞台，演自己，而这就是他此刻最想表达的内容。我尊重他的选择，因为在他身上，我看到了作为艺术家的坚守。

小鹿在初赛时讲了一段她在高铁上的假想奇遇，得知她讲这个段子的时候，有几位演员为她捏了一把汗。从创作角度来说，把这个类型的段子拿到比赛现场表演是一件比较冒险的事。但熟识小鹿的人都知道，这个段子是小鹿的"转型之作"。如果你之前看过她的演出，或许你会记得，以前她的标签是"小黄人"，讲一些话题度大的段子。但正是在写出这个段子之后，她一步步朝着观点与价值输出型创作者迈进。所以，我支持她的选择，因为在此刻，我看到了她的成长和她蜕变的决心。

威哥在比赛期间充分展现出"较真老干部"的风骨，一个人闷在酒店两天换了三套决赛用的段子，我们都在劝他"XX（段子内容）已经很好了"，但他自己仍旧不满意。这种态度令人肃然起敬。

作为入行仅一年的"年轻"演员，悟饭、六兽、杨笠也给观众带来了精彩的表演。

今年5月初，我在南京观看了一场开放麦，那场开放麦有10位年轻演员，都是入行不到一年的新人，却极为亮眼。对于许多年轻人来说，这个世界灯红酒绿，纷纷扰扰，可以有很多选择，但做单口喜剧短期内并不是一件挣大钱，或者说成名在望的事。做好单口喜剧，需要你一点一点去熬。

我曾经问过一位朋友，为什么想成为一名单口喜剧演员，他说，作为一名单口演员站在舞台上能最直接感受到观众对你的态度。上舞台这件事，有瘾。

喜剧是无伤的痛。喜剧人在做的，是解构生活，消解负面的情绪。

我们做这件事，是希望能给更多人带来快乐。

这样，我们也会快乐。

因为快乐，我们才走到一起。

人物

Andy和功夫喜剧

　　柯安迪是在上海居住的澳洲人，也是功夫喜剧的老板。

　　微信公众号"ABC澳洲"在2017年4月11日发布了一篇文章《引领中国Stand-up Comedy"风潮"的澳洲弄潮儿》，对柯安迪做了如下详细的介绍：

　　　他是墨尔本大学法律及机械工程双学位的毕业生。8年前，在刚刚考完试之后便出去闯世界。他只身一人来到了东方陌生的国度——中国。一句中文不会讲的他开始了人生的挑战。他心想一两年"探险"之后，就回到澳大利亚安顿下来，没想到无意之中，他在上海组织了一场单口喜剧Stand-up Comedy表演，并一炮打响。至今，他还被那片土地紧紧地抓住，无法脱身，而且是越陷越深。这个大男孩就是 Andy Curtain，柯安迪。

"我们的发展是很自然的。"一脸络腮胡子的柯安迪坐在镜头前侃侃而谈。"起初，我们本来只想做一个晚上的表演，没有很长期的目标。当时的初衷真的是和朋友玩一玩，有个娱乐的活动而已。可是一个晚上的英文 Stand-up Comedy 的演出之后，很多人都在追问下次演出会在什么时候举行。后来我们被观众推着一个月举行一次演出，而后又发展到了一个月两次的英文 Stand-up Comedy 的表演。"

位于上海闹市区的功夫喜剧俱乐部租用的是原先的储藏室，敲掉一面墙，挂了一些帷幕，并搭建了他们的迷你吧台。就在这里柯安迪和他的朋友们不知不觉地创建了中国第一家［自建剧场的］单口喜剧俱乐部，这里也被业内人士称为"中国最棒的英语脱口秀俱乐部"。

柯安迪坦言他之所以创造了这个第一，其实不是出于他的主观意识，而实在是刚开始，没有人愿意承担任何风险。结果他就"被创业了"。

"现在，我们的俱乐部能坐下 100 人。完全按照美国纽约喜剧俱乐部的模式建造。每周开放 5 到 6 天。"

柯安迪说他们现在除了表演 Stand-up Comedy 单口

喜剧之外，还有开放麦及即兴喜剧（improv）的表演。就连中国人最为熟悉的"洋笑星"大山也在那里表演过。

2009年，在墨尔本大学参加完法律和机械工程双学位最后一门考试之后，柯安迪就只身一人来到了上海，这个中国最大、最充满朝气的城市。

"考完最后一门考试的24小时后，我在上海的一个沙发上醒来。"柯安迪说他的探险之梦就从那里开始。"到达上海的第一个星期，一切都发生着巨大变化，就好像我的生活被日全食的黑暗所笼罩。我曾记得站在上海街头，问我自己'我到底在哪里？我都做了什么！'"

柯安迪说他当时曾以背包客的身份旅游过不少地方，认为自己熟知这个世界。可是情况并不像他想象的那样。

"虽然人都是一样的，可是文化差异却在我刚到中国后让我感到了震撼。在我到达中国的头三年，我还一直能感觉到看到很多事情，却不知道那是什么，到底发生了什么。"

"（别误解我，）上海是一个很神奇的城市，一个很令人向往的居住地。"柯安迪补充说。

"说老实话，当时，我每小时都会出现一次打道回府的念头。当你离开家，离开亲人，你会数次反省自己当时的决定是否正确。"

"有一次，我已经决定要回澳洲，并打好了行囊，但是脑海中突然闪现一个念头'我不能打退堂鼓'。当时，让我留在上海的力量大于叫我离开的力量。"

8年之后的今天，他已经完全打消了回澳大利亚生活的念头。虽然柯安迪开玩笑说他"未老先衰的白胡子"是因为在中国"生活压力巨大"及污染而造成的，但是今天的他却表示自己已扎根在了中国。柯安迪与俄罗斯韩国混血的妻子结了婚。在被问及在中国做喜剧能养家糊口时，柯安迪妙语连珠地说："现在赚钱不是很多。我只有一辆法拉利，这是不够的，两三辆就够了。"

"说实话，很多人认为上海的花销好大，但是如果你知道到什么地方买东西，上海花费还是可以承受的。"

尽管柯安迪在到中国之前学了一些中文会话句式，但是当他抵达大洋彼岸的上海时，他还是傻了眼。"学语言，环境是最重要的。现在，我的室友、公司里的同事也都是中国人。所以我天天有很多机会学习中文，因此就比较快。但是我感觉学得还远远不够。"

柯安迪在功夫喜剧俱乐部创办的前两年一直主打英

文专场演出。2013 年，他们才逐渐将视线转向了中文版的 Stand-up Comedy 市场。柯安迪毫不掩饰地说进入中文 Stand-up Comedy 还是一个巧合。

"我们的一个合作伙伴，找了几个演员用中文模仿 Stand-up Comedy 的形式，并请我们去看，我们看了之后发现中文真的可以做这种源于西方的喜剧表演，因此就开始了合作。"

我在逗伴脱口秀刚成立不久就听说过柯安迪这个人。2014 年年底，逗伴脱口秀第一次来上海演出，演出前我们想找个地方讲开放麦，就去找笑道文化。笑道让一个叫 Storm 的演员帮我们安排，Storm 把我们介绍给了 Andy 的功夫喜剧。安迪在进贤路 Masse 酒吧热情地接待了我们，那是我们的第一次见面。那天，他也上场用中文讲了一小段脱口秀，当时他的中文还磕磕巴巴的，我对他的第一印象是他对也 So 的吐槽很精彩。他指着也 So 的棒球帽问："你的帽子怎么闪闪发亮啊，是刚买的吗？好像塑料膜还没有撕掉……"

在那之后，我跟安迪一直没什么交集，只是听说功夫喜剧因为跟合作的酒吧没有谈拢，换了好几个场地。直到

2015年年底，我们逗伴几人刚来上海工作的时候，安迪才在襄阳北路1号4楼租了一个房间，把那里装修成了后来大家都非常熟悉的功夫喜剧场地。

功夫喜剧正式开业前我去看了一下，一眼看去，装修风格非常专业。那个半圆形的舞台，模仿的是美国的Stand Up New York，但是看起来更新、更漂亮。毫无疑问，功夫喜剧的场地是那时候全国最专业的、最像美国脱口秀俱乐部的场地，也是唯一一个全时做喜剧演出的俱乐部。除了中英文的脱口秀演出，还有即兴喜剧和Sketch。

功夫喜剧开业后，中文脱口秀的演出和开放麦都交由Storm来负责，俱乐部对外使用的是"喜剧联合国"的名字。2017年年中，安迪和Storm因为喜剧联合国的名称归属和利益分配问题产生了矛盾，两个性子很烈的人大吵了一次。最后Storm另找了场地成立了新的厂牌，名叫"喜剧联盒国"，从此跟安迪不相往来。过了一年多，两人才冰释前嫌，互相到对方的场子里表演，真正地实现了一笑泯恩仇。

功夫喜剧对中文脱口秀最大的影响，是从2016年开始连续举办了三届脱口秀喜剧节开始的。当然，对安迪来说，他的初衷是举办英文喜剧节，中文喜剧节是顺带的。但对于中国内地的脱口秀演员来说，这是那三年里最重要的脱口秀喜剧节。

在这三年里，功夫喜剧成了全国最著名的演出场地。这里不但有最专业的场地和设备，更重要的是，这是一个中立的演出平台。它面向所有脱口秀演员，不管你的经纪约签在哪里，不管你属于哪个俱乐部，功夫喜剧都欢迎你登台。任何人都可以报名来参加日常的开放麦演出，周末的正式演出也面向所有演员招募，这是一种国外通行的喜剧演出模式。因为功夫喜剧，刚刚起步的中国脱口秀与之无缝地连接上了。

当然，功夫喜剧最出名的还是英文的喜剧演出。这里经常会有国外著名的演员来表演，例如，阿里·莎菲尔（Ari Shaffir）、汤姆·罗德斯（Tom Rhodes）、威尔·赛尔文斯（Wil Sylvince）、卢本·保罗（Ruben Paul）等。每当有著名演员的演出，开演前的酒吧等候区总是人头攒动，安迪和兼职的酒保在吧台里检票，卖酒，维持秩序，跟熟人打招呼……忙得不亦乐乎。来看演出的外国人很多，中国人也不少，大家都通过英文沟通。置身其中，会让人有一种做脱口秀不但特别"洋气"，而且拥有美好前途的感觉。安迪办过的规模最大的一场英文演出是英国著名的脱口秀主持人拉塞尔·霍华德（Russell Howard）的专场。由于演出规模太大，演出场地被安排在了上海的艺海剧院，而不是在只能容纳 100 人的襄阳北路 1 号 4 楼。

安迪也会在全国范围内邀请中文脱口秀演员来举办个人专场。最早来办中文个人专场的是大山，随后是三届喜剧节的冠军石老板、周奇墨和教主，小鹿、博博、艾杰西等人也在这里举办过专场。甚至，脱口秀演员可以向安迪自荐举办个人专场。我在上海的第二场个人专场就是我自己主动去跟安迪申请的。安迪非常热情地帮我主办了这场演出，时间是 2018 年 9 月 1 日，这是我做过的最成功的一场个人专场，效果好得后来好长一段时间我都不想演出了，想在"巅峰"上多待一会儿。

2018 年 10 月 13 日，安迪为自己举办了一场名为 Dad Bod 的个人专场。没想到几天后，功夫喜剧突然被有关部门查封（据说是场地演出资格出现了问题）。安迪的这场演出也变成了在功夫喜剧场地上的绝唱。

遭此重创，安迪心灰意冷。刚好他的第 2 个孩子即将出生，他决定和家人一起离开中国。随后，他在厦门、深圳和上海都举办了个人的中英文专场，算是告别巡演。

在得知功夫喜剧被查封的消息后我非常震惊，跟安迪在微信上聊了几句。当时我跟他说："你真要离开中国的话，我们一定要送送你，你为中国脱口秀做了这么多事，我们都很感谢你，给你举办一场个人吐槽大会怎么样？"安迪说："这是我的梦想。"

遗憾的是，我在2018年12月离开上海回到了深圳。安迪在2019年3月离开中国，回到了家乡澳大利亚，想帮他办一场吐槽大会的愿望也落空了。

庆幸的是，噗哧脱口秀盘下了功夫喜剧的场地，并且在2019年5月1日重新开张，厂牌更名为"山羊GOAT"。噗哧专门发了一篇微信公众号（作者：小色）来宣布这个消息，也在文章里感谢了安迪和功夫喜剧的贡献，我节选了一部分：

上海脱口秀喜剧圈有一个传说——

■那个地方简直是为脱口秀量身定做

■几乎从不冷场

■全国脱口秀喜剧比赛就是在那里办的

■它在全国脱口秀圈知名度都很高

■很多国际脱口秀演员都会在那个地方演出

■如果你在那个地方段子讲冷了，就是真的冷

这个地方就是曾经位于上海市静安区襄阳北路1号

的 KungFu Komedy。

我们采访了脱口秀演员程璐、海源、庞博、王勉、吴星辰来聊聊他们和 KungFu 的故事。

小鱼：你对 KungFu Komedy 的印象是什么？

程璐：那个地方很有脱口秀的氛围和感觉。尤其是他们的照片墙，那个是 KungFu 的名人堂。就像是国外的喜剧俱乐部，他们也会挂一些在自己这里表演过的大咖。

庞博：很神奇。那里演出的演员和观众都很放松，就像是大家下班后一起过来消遣。也不是那种特别需要认真准备的正经演出，大家都会比较随意一些。

程璐：是的，我记得 Andy 和 Storm 还会在那边自己检票。然后演出开始有请主持人，检票的人就自己冲上去了。哈哈哈哈哈……

海源：那个场地就是专业讲脱口秀的，而不是一个酒吧，咖啡厅，或者剧院被改造成讲脱口秀的场地，它是为脱口秀量身定做的。我感觉那是在国内第一次见到有这样的场地。

吴星辰：我觉得那里很浪漫，演出时经常能看到很多情侣坐在下面。

小色：在 KungFu Komedy 你们有什么特别的回忆？

庞博：大山在那边开专场时，我是负责开场的。那是一个特别难得的机会，我感到很光荣。其实本来还有赵兴，但是赵兴忘了，当时他还在湖南老家，所以我就获得了一个人给大山开场的殊荣。哈哈哈哈哈……

程璐：我印象最深的是可以经常和老外一起演出。他们也会讲中文，我有时候还会吐槽他们。特别国际化的舞台。

王勉：我们（参加的）第一期《脱口秀大会》读稿就是在这里，特别难忘了。

小色：KungFu 举办过喜剧节，你们都有参加吗？

海源：是的，我们都参加了。虽然我和程璐第一届就被小组淘汰了。主要还是第一届竞争最激烈。当时国内还没有举办过这样形式的真正的比赛。

程璐：嗯，那届喜剧节评委是李诞、大山还有谷大白话。参赛的有我、海源、思文、石老板、朱子龙、赵兴、史炎……

海源：单口圈里的基本上都参加了。

程璐：而且这个比赛很公平，业内非常认可。

小色：比赛时有发生什么意外情况吗？

程璐：我们当时比赛的时候有个微信群，还挺好笑的是，史炎那天不小心把自己参赛的稿子发到了那个演员群里，然后我很佩服："哇喔，这么自信吗？"就有种他像在挑衅大家的感觉。但其实是意外。

那时候，史炎和赵兴还在争夺上海脱口秀一哥的称号，本来赵兴在那个群里从来都不发言，因为这件事情，赵兴马上跳出来："很自信嘛。"有点火药味又还挺好笑的。

而这个在上海脱口秀喜剧圈传说般存在的 KungFu Komedy，俱乐部老板是澳大利亚喜剧演员 Andy，他在中国已经讲了超过 8 年的脱口秀。2015 年创建 KungFu Komedy 时，国内还少有成规模的脱口秀表演，他帮助培养了一批又一批年轻的中国单口喜剧演员。

程璐：Andy 很专业也很客气，对我们大家都特别有礼貌。

王勉：演出前他会私聊问我们要不要过来演出，他给我发微信都是"王哥你今天有空吗？"。他可能以为在中国这是一个很亲昵的称呼，但是我真不太习惯，毕竟他比我大很多。

程璐：我记得他最好笑的是他讲开放麦的时候，因为他的段子都是英文直接翻译过来的，所以有时候就没那么好笑。他就会开始用英文嘀咕："这个用英文讲特别好笑！"

程璐：第二个是他做主持人，因为他介绍脱口秀演员的中文词汇有限嘛，所以每次介绍都一句话："下面一个是我非常好的朋友……"

海源：我觉得他很厉害的是，他跟我们发微信都是用中文。但是他和我说，其实很多中文他听不太懂。但是我看他发的微信，完全感觉不出来，可能是用了一流的中文打字软件吧。

程璐：我觉得他提升了一个行业做开放麦和做演出的标准。他把自己在国外的一些经验教给了大家，是个很好的标杆。

而且他还有一点很不一样，如果脱口秀演员在他那里讲，超时了他一定会把你轰下舞台，可以说是最严格的了。像头顶一直给你亮灯，放音乐，各种方式只要能把你轰下来，他对时间的把控非常好。

庞博：我特别佩服 Andy 的一点是，他可以做到检票、放音乐、主持、卖酒水都是他自己一个人，感觉这么多事情他做起来都非常轻松。而且工作上也没有出现过任何纰漏。

海源：是的，我很尊重他，觉得他把单口喜剧这件事情做得很好，很有意义。有机会我也很愿意跟他一块来做。

而现在这个被众多脱口秀演员敬佩的小老外 Andy 要回国了，但是他把这个承载了中国脱口秀一小段历史的地方交给了我们……

对于 Andy，演员们都满怀感激之情。在噗哧脱口秀的视频里，梁海源对于安迪的评价只有一个字：RESPECT！程璐和庞博在视频里对 Andy 说："希望等你回来的时候，我们已经办成了很多很多像功夫一样好的场地，然后你来演就可以了，我们可以帮你做你原来那么辛苦的工作。你来做专场的时候，我们几个就帮你检票、亮灯、放音乐、卖酒水……"

非常期待那一天！

Respect to Mr.Andy Curtain!

人物

─────────

在中国讲脱口秀的"老外"们

脱口秀是舶来品，中国脱口秀的发展历史里自然少不了外国演员的身影。早在国内的中文脱口秀俱乐部诞生以前，就有外国演员在中国讲英文脱口秀了。我在这里提及的是几位可以用中文，甚至仅能用中文讲脱口秀的外国演员。其中跟中国脱口秀交集特别深的 Andy，我已经单独写过一篇，这里说说我认识的另外几位。

黄西

黄西老师是地道的中国人，到美国读博后改了国籍，所以我把他放在了"老外"的篇章里，但严格来说，不能把他叫"老外"，应该叫"老黄"。

跟很多人一样，我第一次看黄西的视频是他 2010 年在全美电台电视记者协会年会晚宴的脱口秀表演。然后，因为罗永浩的微博推荐，我在2012年年初读了他的自传《黄瓜的黄，西瓜的西》。这本书对我的影响很大，因为那时候我刚开始讲开放麦，正处于迷茫的时候，这本书让我看到了做这一行的希望。从这个角度来看，我那时算是半只脚踏进了脱口秀的大门，但还在犹豫，然后黄西老师从后面一掌把我推了进去，还顺手锁死了门。

2012年年初，黄西在深圳中心书城为他的自传举办了签售见面会。深圳很多演员都买了书去见他，我那天刚好在香港赶不回来，遗憾地错过了。回来后，我萌生了让黄西来深圳开专场的想法，因为我那时刚好认识广州的一家叫"明星巨典"的演出公司，他们承办过黄子华在深圳和广州的演出。我当时跟明星巨典花了两个月时间筹划黄西的广深专场，最后还是因为预算问题而告吹。不过我也因此有了黄西老师的联系方式，心里还是挺高兴的。

黄西老师是第一位在国内做中文脱口秀巡演的演员（如果要严谨考证的话，周立波是第一位，但他好像从来没有承认自己讲的是脱口秀或单口喜剧，只是"海派清口"，那就让他自成一派吧）。他的巡演有两大亮点：一个是他会邀请当地的脱口秀演员给他当开场嘉宾；另一个是不管他去哪一个城市，只要时间允许，他都会去当地的俱乐部讲一讲开放麦。虽然不能提前拿他做宣传，但这种提携后辈的做法真的对很多演员和当地俱乐部有所助力。有些演员，比如我，也是因为给黄西开场而获得了千人剧场的演出经验，所以，很多演员在从业多年后依然对他心存感激。

黄西从 2013 年年底开始每年都在国内举办专场巡演，但我跟他第一次见面时已是 2015 年。当时他在深圳少年宫演出，请了逗伴脱口秀的三弟去给他开场。那场也是我们第一次见到了后来在抖音大红的演员小哈，他从北京过来，给黄西的专场当主持人。那次之后，我几乎每年都有机会至少看一次黄西的专场，但每次都仅限于和他打个招呼，或者去后台跟他合个影，并没有深谈。2017 年秋天，爱奇艺在北京组织了《CSM 中国职业脱口秀大赛》，当时我已经创办了木更喜剧，正在招兵买马，报名参赛并顺便去招人。黄西老师是这个比赛的评委之一，这次比赛结束后，我得到了机会去他办公室里和他详谈了很久。

黄西在 2021 年上《脱口秀大会》之前，虽然每年都在全国巡演，但规模不固定，有时候跟某些大的票务公司签了很多场巡演计划，每场都是几百上千人的大剧院；有时候跟当地的俱乐部合作，可能会被安排到只能坐 100 多人的，音响设备都略为简陋的小酒馆。这种情况在他上完《脱口秀大会》后得到了极大的改善。他因自嘲是"脱口秀在天之灵"收获了很多路人粉，此后他的演出剧场几乎没有再少于千人的，很多场演出都是一票难求。

我在 2021 到 2022 年之间给黄西老师当了几场大剧场演出的主持人兼开场演员，合作得非常愉快。后来，我曾筹划把他的笑坊俱乐部的深圳分部开起来。由于精力有限，这个计划后来交给了深圳的其他同行去运作。2023 年 4 月，黄西从美国巡演归来，原计划要到深圳、广州巡演，没想到临开演前取消了。此后，黄西老师就把主要的精力放在了海外市场的巡演上。

毕瀚生（Des Bishop）

2013 年，一名叫 Des Bishop 的美国脱口秀演员来中国拍摄纪录片，学中文，并意外地发现了北脱。尽管一个中文段子也没听懂——当时只学了半年中文，但他像发现了一片新大陆般兴奋。来中国之前，他只知道相声，从不知道中国也有脱口秀。当北脱的演员问他能不能一起来玩时，他高兴地答应了。这位爱尔兰裔美国人给自己取了一个中文名"毕瀚生"。就这样，他成了北脱的常客，开始创作自己的中文段子，积累了一些不错的内容后，还跟北京的演员们一起去其他城市的脱口秀俱乐部主持和表演。不久，他和北京的演员 Tony Chou 一起，在三里屯的老书虫书店创办了一个演出品牌"幽默小区"，并举办商业演出。幽默小区的演出质量非常高，后来成名的脱口秀演员几乎都在那里演出过，甚至崔永元也在那里尝试过脱口秀表演。

毕瀚生的纪录片拍摄在 2014 年年初就结束了，在美国他是一位小有名气的演员，而在中国，他做脱口秀几乎没有收入，但他选择留了下来。"10 年、20 年后，他们写中国脱口秀的历史，我想在第一页。"在接受记者采访时，毕瀚生开玩笑地说，"我到死也碰不到这样的时机了，这是刚刚开始的文化。"

如果本书算是中国脱口秀的历史书，尽管我没有如毕瀚生所愿，把他的故事放在历史的第一页，但他确实可以坐到在中国从事脱口秀的"老外"们座位的第一排。

当初，我从北脱的同行嘴里听说了毕瀚生的故事后，心存两点疑惑：第一，我那时候跟生活在中国的老外接触不多，觉得他们的中文并不会很好，观众看他们纯粹是看老外讲中文的热闹；第二，我怀疑毕瀚生的英文脱口秀水平应该也很一般，因为高水平的英文脱口秀演员通常不会长期留在中国。

然而，这两点疑惑很快就被打消了。

2014 年，逗伴脱口秀开始在福田文化馆举办演出，这个场地比以前的大很多，能容纳 250 名观众，我们觉得必须请外援才行。第一场请到了大山参演，第二场请来了毕瀚生和 Tony Chou。那时候，我们都只喜欢讲段子，对于主持是很抗拒的。毕瀚生第一次来深圳就给我们主持了演出，效果相当好，完全征服了观众和深圳的演员们。后来我们陆续请他来深圳演过三次，还想让他继续担任主持，这个要求让他非常不解。在他看来，主持人一般都是由俱乐部的主理人或当地演员担任才比较合适，为什么总让他一个老外来主持呢？在了解到我们对主持的偏见后，毕瀚生认真地跟我们聊了很多脱口秀的经验，其中一个让我获益匪浅。

当时，国内有几位演员的外形非常突出，一站上舞台，就很容易获得观众的喜欢，这对于演出效果很有帮助。没有外形优势的我对此是很羡慕的，忍不住问毕瀚生："有没有什么办法，能一出场就让观众喜欢你？"他认真地思考了一下，说："我也不知道有什么特殊的方法能让观众喜欢，但我知道，演员在舞台上要时刻做到让自己舒服，你感觉舒服了，观众才会舒服，演出才能顺利。"

毕瀚生从 2015 年起回到美国和爱尔兰演出，在微信上跟大家的联系也越来越少了。2016 年 3 月，我在纽约百老汇著名的 Carolines 俱乐部看脱口秀演出，在门口看到了他两周后要在这个俱乐部举办多场个人专场的海报。跟他的海报贴在一起的，都是一些我们在视频播放平台里见过的明星脱口秀演员的名字。就在那一刻，我的第二个疑惑消失了。

大山（Mark Henry Rowswell）

2013 年，被吸引加入中文脱口秀圈子的外国人不止毕瀚生一个。中文名字是"艾杰西"的美国年轻留学生 Jesse Appell 和活跃在中国荧幕多年的加拿大人"大山"都常常参与北脱的演出。与毕瀚生不同，他们都先与相声结缘，在北脱出现后才尝试做中文脱口秀。

我们通过北脱的同行知道了大山开始讲脱口秀的消息，但从没想过他会来深圳。意外的是，在逗伴脱口秀进入"大剧场"福田文化馆表演的第一场，大山居然加了我的微信，询问能不能参加这场演出。我们喜出望外，赶紧把他安排进演员阵容当中。

大山在逗伴的演出效果相当不错，他自己也很满意。2014 年，大山好几次跟我们一起演出。次年，我们的演出走进了更大的剧场南山文体中心剧院聚橙小剧场，大山问我有没有兴趣帮他在这里举办他的第一次个人脱口秀专场，我们马上答应了下来。2015 年 4 月 24 日，我们为他举办了名为《大山侃大山》的专场演出，由程璐主持，梁海源担任开场演员，我全程在幕后担任制作人。

大山的脱口秀转型之路走得顺畅，成功褪去了相声演员的标签。从 2016 年开始，他陆续在上海和北京举办自己的个人专场，也积极地参与到当地俱乐部的拼盘演出中，并以脱口秀演员的身份参加了一些电视和网综节目。虽然作为脱口秀演员的影响力与四次上春晚的辉煌不可同日而语，但他确实是在中国脱口秀演员里知名度最高的一位老外了。

因为疫情的原因，大山在 2020 年年初回了一趟加拿大。我跟大山这几年几乎没再联系，只是从微博上了解到他在疫情的前两年一直待在加拿大，没有机会继续讲脱口秀，他在网上发的主要是朗诵中文诗词的视频。从 2022 年开始，他重新在北美和世界各地表演脱口秀，还联合北美的中文脱口秀俱乐部和演员在多伦多举办了一个中文喜剧节。从 2023 年开始，世界各地的中文脱口秀蓬勃发展，很多发达的西方国家都有了中文喜剧俱乐部，大山的身影也频繁地在这些俱乐部里出现，成为各个海外喜剧俱乐部的"吉祥物"。

艾杰西（Jesse Appell）

艾杰西是以留学生的身份来到北京的。他刚来没多久就拜了相声演员丁广泉为师，后来开始玩即兴喜剧，又在北脱尝试中文脱口秀，但他跟北脱的关系不算密切。2015年，我们去北京参加北脱组织的首届中国脱口秀艺术节，艾杰西和 Tony Chou 是仅有的以"独立演员"身份参加的，他被分到了逗伴脱口秀的演出阵容里，而 Tony Chou 加入了茄子脱口秀的那一场。

学相声出身的艾杰西，一直以即兴喜剧演员和脱口秀演员的身份活跃在北京喜剧圈里。可能是兼顾太多赛道的原因，在开始的几年，他的脱口秀很符合我对老外说中文的印象——主要利用自己的身份来出梗。我在去上海发展之前，跟他的交集很少。2016年，艾杰西来上海参加功夫喜剧举办的第二届喜剧节，虽然没有进入决赛，但他是因为超时而被淘汰的。那时他已经摆脱了"纯老外"的标签，脱口秀水平的进步巨大，短短几分钟的表演让人刮目相看。

2016年，艾杰西在北京的胡同里租了一间独立的房子，将其改造成了演出场地，取名为"中美喜剧中心"，每周在这里举办即兴喜剧和脱口秀的演出。这里场地很小，能容纳五六十位观众，但据传演出效果非常好。2017年，我为了招募《今夜百乐门》第二季的编剧，专门去北京跟艾杰西见面。他在"中美喜剧中心"一边泡茶一边跟我聊天，有一瞬间让我产生了一种错觉，仿佛我对面坐着的不是一个美国人，而是我大学时的潮汕同学。

艾杰西考虑了一段时间后拒绝了我的邀请，但他也来到上海，加入了笑果文化《冒犯家族》的编剧和演员队伍，可惜这个节目和《今夜现场秀》一样（《今夜百乐门》第二季改版后的名字），没有取得很大的反响。2019年，艾杰西获得了一个差点儿蹿红的机会。他参加了东方卫视的《欢乐喜剧人》，以一段名为《美国东北人在中国》的段子从初赛晋级了。节目在2020年春节播出后反响很大，然而他当时已经趁着春节回美国探亲去了，没想到这一去就是三年，他与这个节目的缘分也就止步于此了。疫情期间，他在美国看着自己在中国拍的视频爆火，自己在美国拍的视频也在中国爆火，他终于深刻地理解了什么叫"隔岸观火"。

艾杰西在疫情后短暂地回了一趟北京，因为网上的视频带来的红利期已经过去了，他没有获得三年前本该属于他的"流量"。在跟随单立人喜剧做了几场脱口秀演出，也重回了他热爱的即兴喜剧舞台后，他又回美国了。不过，他在疫情间已经为自己打造了一个"中国茶叶达人"的新标签，不知道接下来，他还会给我们带来什么样的惊喜。

光头哥（Evan Danger）

　　我在中国认识的这几位会讲中文脱口秀的老外，除了毕瀚生本来就是一位职业脱口秀演员，其他人都是在中国从零开始讲脱口秀的，包括大山，他虽然早早就开始讲相声了，甚至在来中国之前就已经对加拿大的脱口秀演员有所了解。他们第一次走上脱口秀的舞台都是在中国。

　　Evan 是一位生活在上海的美国人，我跟他第一次见面是在上海的一个开放麦上。上海作为国际化城市，吸引着许多中文说得非常流利的老外。在见到 Evan 之前，我也听过一些老外讲中文脱口秀，他们的总体水平都高于一些刚入行的中国新手，但 Evan 打破了我的这种成见。那天他的开放麦刚好排在我的前面，听完他的 5 分钟段子，我上台忍不住吐槽说："就跟有的笨蛋老外以为中国人都会功夫一样，我以前一直以为所有的老外都是会讲脱口秀的，直到今天我看到了 Evan，我才发现，我也是一个笨蛋老外。"

　　Evan 的中文真的不算好，但他也真的很努力，几乎参加了上海所有的中文开放麦，而且他的努力不是我们常见的那种笨拙的努力，他是有灵气的，进步也是肉眼可见的快。

为了有更多的机会登台表演，他甚至和几个中国演员组建了一个新的俱乐部，名叫"扬子江喜剧"。他们在很多地方都办过开放麦，甚至砸钱做商演。他们的这些做法我早就经历过，也知道在这个兴致勃勃的阶段没有人会听得进泼冷水的意见，所以我能做的就是闭嘴，然后尽可能地参加他们组织的活动。Evan 很快发现，我好说话且乐于助人，在圈子里说话也算有分量，所以他经常找我去扬子江喜剧参加开放麦和演出。我甚至一度被人怀疑是不是在这个俱乐部里也有一点儿股份。

2017 年，在讲了 5 年脱口秀以后我萌生了讲个人专场的念头。Evan 听说以后，马上提出可以帮我承办，地点就选在扬子江喜剧日常做开放麦的一个酒吧里。酒吧很小，坐满了也就四五十人，我想这算是自己专场的第一次测试版本，就答应了下来。Evan 很积极地帮我张罗开专场的一切事务，甚至我的海报，也是他找一个自己的美国老乡帮忙设计的。我专场的名字是一个在现在看来非常不堪的谐音梗——"地狱骑士"。很显然，Evan 和他的老乡都是热情的"中二少年"，他们根据这个名字，给我设计了一张手拿火焰喷枪大战丧尸的海报，而我竟然同意了——我骨子里也很"中二"！

Evan 对我的专场相当满意，几个月后，我已经离开上海回到了深圳，他又给我安排了一场在厦门的专场演出，委托厦门一个英文脱口秀俱乐部的老外来承办。我的再下一次专场，是一年后在 Andy 的功夫喜剧里举办的。这样算来，我的前三个专场，居然都是老外帮我主办的，这也算是一种很奇妙的缘分了。

Evan 是个小个子，我刚认识他的时候，他的头发已经很稀疏了，后来干脆剃成了大光头，中文艺名也从相当莫名其妙的"大爸爸 Evan"换成了"光头哥 EVAN"——终于让人更容易地记住了。Evan 很想当网红，在各个平台拍了很多短视频，在 B 站的自我介绍是"全中国最有名的光头老外双语单口喜剧脱口秀演员"。他还接拍商业广告，参加综艺节目，一个不落，但始终不温不火。在伏拉夫走红的时候，我们劝他也拍点这种"中国万岁"的视频，但他对此有点不屑，反而拍了一个视频来嘲讽伏拉夫，自然也是没收获多少流量。

疫情期间，中国脱口秀的线下演出其实是一直在向上走的。Evan 也接了不少演出，但作为外国人的他，遇到的困难要比我们大很多。我跟他最后一次见面是在 2020 年，我在深圳重新做演出，请来的第一个外援就是他。后来关于他的近况，我就只是通过他发在网上的视频来了解了。

2022 年 10 月，Evan 发了自己在 B 站的最后一个视频，标题是：《再见，中国！我会永远爱你！》。看到这个标题的时候，直觉告诉我，他绝对不是突然想通了要做伏拉夫，点开一看，果然发现他是真的要离开中国了。他把自己在中国十年的一些照片和视频都剪辑了进去，我一边看一边担心会不会出现《地狱骑士》的海报，还好他剪的是我们在深圳喝酒吃夜宵的视频片段。Evan 在视频里说着说着就哽咽了："谢谢你们给我一辈子最快乐、最忘不了、最超级棒的十年……我会永远爱你们，再见！"

视频的最后，Evan 终于还是写了"中国……万岁"作为结束语，只不过他写的是"中国脱口秀万岁！万岁！万万万岁！"

我有一种预感，光头哥有一天还是会回到上海的，就在不远的将来。

2017

加速度

节目

《吐槽大会》

我第一次接触"吐槽会"的概念是在 2011 年。当时我看了微博字幕组译者谷大白话翻译的《喜剧中心查理·辛吐槽大会》（*Comedy Central Roast of Charlie Sheen*）。那段时间，劣迹斑斑的演员查理·辛（*Charlie Sheen*）因为辱骂老板而失去了热门情景喜剧《好汉两个半》（*Two and A Half Men*）的合约，在外人看来落魄潦倒。美国喜剧中心频道为他做了这场吐槽大会，特意选择在新一季《好汉两个半》开播那天播出，非常有讽刺意味。

喜剧中心的吐槽会的形式很有意思，节目会选定一名主咖，再挑选七八名吐槽者和一名主持人，每一名吐槽者（包括主持人）都要上台吐槽其他参加者，吐槽的最后一个对象必须是主咖。这一场吐槽会最令我意外的吐槽者是拳王泰森，没想到一个体育明星也能参加喜剧语言类节目，而且表现得还不错。令我印象最深的一个段子是其中一个吐槽者对他的吐槽："泰森纵横拳坛时的绰号是'铁拳麦克'（Iron Mike），这也是他在监狱洗衣房里的绰号'熨斗麦克'！"（Iron 也是熨斗的意思，这一句讽刺了泰森入狱后在洗衣房被迫熨衣服。）

看完这个视频后，我简直有一种三观被重塑的感觉，真想大喊一句："这才是真正的内心强大啊！"以言语、文字为刀剑，在谈笑之间撕皮打脸，揶揄台上每一个人的可笑之事，这实在是太好玩儿了！

2013 年 4 月，程璐和思文结婚了。大家在 QQ 群里讨论要怎么给他们办一场像"闹洞房"那样的庆祝活动，程璐说不如搞一场吐槽会吧，中国都没有人搞过这样的活动。我第一个举手支持这个提议，然后大家展开了热烈的讨论，把这场吐槽会的时间定在了两个月后的 6 月 10 日。

当时我们所在的外卖脱口秀俱乐部里有一项类似演讲会的"导师"制度：新加入的会员要挑选一个老会员作为自己的"导师"，在创作和表演方面向其学习。程璐在 2011 年加入后不久就成了"导师"，收了不少"徒弟"，思文就是他在 2012 年收到的"得意门生"。一年后，两人步入了婚姻的殿堂。

　　大家对这场特别的"闹洞房"活动热情高涨，天天在群里讨论。外卖脱口秀的主理人邹澍把俱乐部的场地免费提供出来让我们使用，我和另一名演员老超赞助了两箱啤酒，梁海源找朋友免费设计了活动海报。因为担心有人会把这次活动做成新婚祝福会，我特意叮嘱大家一定要把网上能找到的吐槽会的视频仔细看一遍，还发了说明：

　　关于 6 月在 @ 深圳脱口秀俱乐部 为一对新婚夫妇程璐和思文举行的"思璐吐槽大会"，有如下几点建议：

　　1. 提前明确所有吐槽者的名单。目前确定的吐槽者：梁海源（主持人）、也 So、Kevin、老超、洛宾、阿傲、银教授、三弟、牙签、小马。

　　2. 主要的被吐槽对象是程璐和思文，但每一个吐槽者也要成为被吐槽的对象。通常顺序是：吐槽者 A 上台，先把所有其他吐槽者从 B 到 X 都吐槽一遍，最后吐槽程璐和思文两人。甚至可以把重点吐槽对象放在某个吐槽者身上。因为通常来说，关系越熟悉，越容易吐槽得出彩。

　　3. 最后两个上场吐槽的是思文和程璐，他们可以随意反击，但最好也要把所有吐槽者都吐一遍。

4. 主持人要确保每个吐槽者在上台前以及下台后都被吐槽，吐槽者上台后最好也能以吐槽主持人作为开始。因此，要尽快地确定吐槽者的上场顺序，出场的顺序对吐槽的效果有直接影响。请主持人与思璐尽快确定顺序，尽快宣布。

5. 因为是吐槽会 Roast，所以绝对不设下限，欢迎任何重口味。所有吐槽内容仅为娱乐，出了吐槽会就不复存在，所以参加者一定要确定自己的心理承受力够强，绝不能秋后算账。

6. 在吐槽过程中，可以适当与被吐槽对象互动，但不要陷入互动中没完没了。毕竟，吐槽也是在锻炼脱口秀的舞台表演能力，变成朋友拉家常就没意思了。

7. 当你被别人吐槽时，最好不要马上反击，在轮到你上台时再反击也不迟。当然，如果你被吐槽的时候已经上过台了，也不要没完没了地反击，毕竟你的表演机会已经过了，不要回过头来抢风头。如果你被打惨了，只能怪你刚才没有把握好机会，同时请有风度地赞赏吐槽你的人的水平。

8. 吐槽者也可以对观众开火，但最好谨慎一点，也不要与观众过多地互动。毕竟，观众的心理承受力不一定够强，而且即兴互动是一项很难掌握的技巧，用多了很容易搞砸，建议尽量不用。

吐槽会那天，俱乐部的场地早早就坐满了人，虽然我们已经反复强调这是一个关于内部人员的吐槽会，但仍然来了很多陌生的观众。大家喝着免费的啤酒，听着强劲的音乐，满怀热情地期待着这个中国脱口秀历史上破天荒的"无节操"活动。

当晚的主持人是梁海源，他保持了一贯嘴碎的主持风格，但准备得很用心，很快就把观众的热情调动了起来。第一个上场吐槽的是牙签，总体表现不错，引发了不少笑声。牙签重点吐槽了小马哥的烂段子，他说"小马哥的段子这么烂，我好害怕以后他会变成外卖俱乐部的台柱啊"。一年后，外卖脱口秀的骨干演员都走得差不多了，留下来的小马确实成了台柱，牙签一语成谶。

银教授调侃了洛宾，洛宾调侃了思文的脱口秀，阿做、三弟对程璐的模仿惟妙惟肖，程璐、思文也不手软，反击了阿做和也So的无节操梗……虽然这次线下演出的尺度确实挺大，但这场吐槽大会还是留下了不少令人印象深刻的段子。

吐槽会办得非常成功，观众笑足了两个小时，大家都觉得这完全是一场可以收费的演出。结束后我们意犹未尽，一起去了附近的白石洲吃夜宵，闹腾到凌晨一点才散伙回家。

凌晨时分，群里有个女孩发了条信息："吃完宵夜回到一个人的家里，靠在沙发上就睡着了……半夜下起了雨，雨水从窗户里飘进来，把我淋醒了，挣扎着起来关窗。沙发太湿不能睡了，和衣躺到床上，一觉到天亮。"我不知道自己为什么会记得这个细节，也许是派对的狂欢和曲终人散后的落寞，对比太过于明显了吧。

这场吐槽会全程都被录了下来，演员们各自给自己的视频做了字幕，零零散散地上传到了优酷等视频平台上去了，成了中国人做吐槽大会的首次影像记录。

一年后，我们决定再举办一次吐槽大会。原本选定的主咖是老超，想给他做一场生日吐槽会，但考虑再三，觉得他的槽点还是不够，他的时间也不太能配合。我们最后决定选择银教授作为主咖。

银教授是住在深圳的微博段子手，和我们一起讲了一年多的脱口秀，后来觉得表演脱口秀太让他感到焦虑了，而且还赚不到钱，就慢慢放弃了。但他是我们当中唯一一名微博红人，也算是有一些公共槽点的人，我们就说服了他来当这场吐槽大会的主咖。消息传出后，上海的脱口秀演员涛姐甚至专门买了机票飞过来观看。但这一场吐槽大会的效果并不如程璐、思文那场，究其原因，其实是因为我们跟银教授并不算很熟，而且他个人的真实槽点很少。如果你关注了他的微博，会发现他是一个三观和生活方式都很正派的人，他所有的槽点都只存在于他虚构的段子和作品里。

2014年年底，逗伴脱口秀来到上海演出。演出结束后，我们和上海的茄子脱口秀做了一场两个俱乐部之间的吐槽大会。我当时本来也要参加，没想到女儿那天突然住院，只好提前飞回了深圳，逗伴只剩下程璐、梁海源、也So和三弟参加了这场吐槽比赛。梁海源在那一场比赛里表现出色，火力全开地吐槽了茄子脱口秀的演员们。半年后，他把自己的吐槽内容配上字幕发到了网上，在同行当中获得了良好的反响。

从我们第一次给程璐、思文做吐槽大会开始，叶烽和《今晚80后脱口秀》的制作团队就看了我们每一次发到网上的视频。因为逗伴脱口秀的几个骨干都是这个节目长期稳定的写手，所以他们对我们的动态还是挺了解的。但之前两次吐槽会的视频都没打动叶烽，直到梁海源这一场的视频才终于让他觉得："这个可以做成电视节目。"

2015年9月，程璐和思文先我和梁海源一步搬到了上海，正式入职笑果文化。我们入职前提交了一份节目策划案，名字叫《我是脱口秀演员》。叶烽在上海跟我们谈了很久，想确定笑果文化的第一个样片是做这个，还是做《吐槽大会》，我们毫不犹豫地选择了《吐槽大会》。于是，《吐槽大会》的样片录制定在了当年11月，主咖是王自健，吐槽嘉宾是上海广电的一众电视节目主持人，以及李诞、王建国等。非常不巧的是，程璐和思文早就定好了在样片录制前几周的时间去台湾旅行，他们的机票和酒店都不能更改，但样片录制的时间也不能更改。于是，我临时受命从深圳飞去上海，接手了统筹第一版初稿的任务。李诞虽然是公司的合伙人兼内容总监，但他当时对《吐槽大会》并没有太深入的了解，还没有全身心投入到样片的内容创作中去，自然也还没有给自己安上一个节目"策划人"的身份。他对我并没有太多的信心，反复跟我确认我能否在程璐、思文和梁海源都缺席的情况下（当时梁海源还没到上海），一周之内完成第一版初稿的统筹工作。我安慰他说："一周的时间搞定一万字的初稿，时间是肯定够的，但是段子的质量就需要慢慢打磨了。"

一周后，初稿按时完成，所有人都松了一口气。除了李诞、王建国的稿子是自己写的，初稿的其他段子全部来源于《今晚80后脱口秀》的写手和几位之前跟我合作良久的写手。笑果的团队做了三年的脱口秀节目，有足够优秀的喜剧审美能力，他们能看出来这是一篇有足够潜力的稿子，终于放心地投入到样片的筹备工作中去。程璐、思文也在样片录制前一周回到了上海，一起投入到了内容的打磨中。《吐槽大会》的第一版样片赶在2015年结束之前顺利地在《今晚80后脱口秀》的录影棚里录制完成。

接下来，笑果文化的运营团队拿着样片跑了好几个月，终于筹到足够的资金和资源，做出了四集《吐槽大会》的正片。第一集正片在2016年7月上线，以周杰为主咖，主持人是王自健，吐槽者包括李诞、张全蛋、史航、黄婷婷和王琳。但这集在网络上受到了限制。后面以叫兽易小星、大张伟和吴宗宪为主咖的三集，则躺在公司的硬盘里从来没有见过天日。这三集对后面"新版"《吐槽大会》的最大影响，是让笑果发现了在其中某集担任吐槽嘉宾的张绍刚的才华，节目组在后面的五季里聘用他担任长期主持人。2017年1月，经过整改的"新版"《吐槽大会》终于在腾讯视频上线，这也是官方认证的真正的第一季，第一集的主咖是李湘。

到2021年上半年，《吐槽大会》已经播完了第五季。

在五季的时间里，节目的口碑和评分有高有低，但它是推动中国脱口秀行业飞上风口的关键。在商业上，它的成功有目共睹；在内容上，它一直是中国脱口秀演员能够登上的最高台阶。虽然后来的《脱口秀大会》异军突起，成为所有脱口秀演员梦想的舞台，但能登上《吐槽大会》的脱口秀演员才是公司力捧的最有商业价值的艺人。

回想《吐槽大会》在中国发展的过程，它虽然起源于线下草根脱口秀演员们的一次自嗨式狂欢，但真正让这个节目在商业上奠定成功基础的还是制片人叶烽的决定，因为他从最开始就坚定了节目一季要做 10 集的想法。我们第一次听到这个想法的时候都觉得不可思议，毕竟在我们的认知里，《吐槽大会》就跟美国喜剧中心的 Comedy Central Roast 一样，一年才做一集，十年也才十来集。万万没想到，中国版的《吐槽大会》三个月就能做十集，而且连续做了五季——所谓有中国特色的脱口秀节目，应该就是如此吧。

喜剧俱乐部

笑果文化

2017 年我从笑果文化辞职后，与几位投资人先后沟通过，他们都想投资我成立一家新公司，像笑果文化那样进军喜剧综艺节目。一开始我也跟他们一样热血沸腾，觉得这事是可行的。但事实证明，喜剧综艺并不是什么公司都能做的。

我就以一位前员工的视角来聊聊这家公司吧。

2012 年，以叶烽作为制片人的《今晚 80 后脱口秀》在东方卫视开播，这个节目从一开始就集结了日后笑果的三大合伙人，掌舵者叶烽、导演小灭（张瑛婕）、内容总监李诞——可以说，做出一档好节目所必需的铁三角在第一天就集齐了，而且还不需要花自己的钱来磨合。两年后，笑果文化悄悄成立，迎来了第四位合伙人，善于资本运作和品牌运营的 CEO 贺晓曦。关于笑果成功的资本运作，已经有无数财经文章分析过，我不是这方面的专家，就不班门弄斧了。我仅从自己的了解以及亲身的经历来说说笑果之所以成为笑果，他们都做对了些什么。

笑果做得最对的事，是一开始就签下了十几位全职的喜剧编剧，这一点至今无人可以做到。一个节目最重要的是制片人，然后是内容和导演团队。叶烽是中国最出色的节目制片人之一，他要打造强有力的导演团队，那是他的看家本领，但是在内容团队的建设上，他的做法也可以说是前无古人的。在《今晚80后脱口秀》的编剧队伍里，蛋蛋、赖宝、王建国，是大家最熟知的名字，甚至赖宝和王建国的知名度还更大一点儿。然而，叶烽只选择了李诞作为始创的合伙人，给予了他跟另外两位合伙人同等的股份，这份眼光是何其独到！更为独到的是，在第一笔融资到位后，他用最大的诚意和成本招募了超过两位数的喜剧编剧，包括李诞和王建国在内，这些编剧在加入笑果后，在足足9个月的时间里没有做出任何能上线的新节目，也没有明确的业绩考核，甚至不需要去接一些内容外包的活儿。编剧们每天的工作就是接受培训、开会和创作，下了班自己找地方去上开放麦！试问还有哪一家公司能做到这样？当然，笑果有它独有的优势，毕竟那时候他们还是《今晚80后脱口秀》的幕后团队，很多后来的公司骨干编剧和导演都在节目组里贡献着自己的才华，这也是至今没有谁能超过笑果的重要原因——没有哪家公司有这么好的运气和初始条件，既能培养自己的人才和粉丝基础，又没有太多的后顾之忧。

我在离开笑果文化后曾给超过两位数的节目制作公司工作，包括我自己创立的木更文化。所有这些公司都做不到这一点——在一个项目启动之前就长期培养大量的编剧，让他们慢条斯理地准备着一个全公司都还不太明确的喜剧项目。我甚至觉得，这种模式不但空前，很有可能也是绝后的。谁要是不服气，不妨试试。

很多节目制作公司都舍得在导演和制作团队上投入成本，因为他们的掌舵者基本都是从这两个领域出来的，他们懂得如何建设这两支队伍。但是，我从没见过从编剧领域出来担任掌舵者的节目制作公司，编剧出身的人能做好的通常只是编剧公司，比如编剧汪海林的公司。叶烽不是编剧出身，李诞虽然是编剧，但我敢肯定，他在刚成为公司合伙人的时候，其实也只是一位高级打工人，能决定公司方向的，始终是拥有公司最大股份的叶烽。我一度怀疑叶导学习了《周六夜现场》节目制作宝典上最核心的那句话，"《周六夜现场》是一档以编剧为主导的节目"，但他在2016年才看到这份宝典，在那之前他就已经这样做了！没做过编剧的叶导是怎么想到让一帮草根编剧成为公司核心竞争力的呢？解谜人只能是叶导自己，但这也许是永远的谜了。

笑果文化做对的第二点，是始终把线上节目作为公司的核心业务。当然，这也是任何节目制作公司都能做对的一点，这里没有太多要说的。

第三点，笑果对线下喜剧演出投入了大量的资源，从开放麦到商业演出，再到面向全行业的免费培训，涵盖新型喜剧的所有领域，而且在上海、北京、南京等大城市投入巨额资金自建剧场。这点跟第一点一样，很难有其他节目制作公司能够做到。我们都知道，截至 2022 年，国内线下喜剧俱乐部已经超过 200 家，自建剧场经营演出的公司超过了 50 家，脱口秀俱乐部已经遍布三线以上的城市。可以说，虽然线上脱口秀只有笑果一家独大，但线下脱口秀已经实实在在地成了一个行业。但就算在这么一个百花齐放的行业里，笑果文化不管是在演出数量、质量，还是平均票价上，依然是行业的老大。虽然单立人喜剧的线下演出口碑一度超越了笑果，但后者在用线上节目的机会吸走了前者几位核心演员后，成功地夺回了演出质量的王座。

连专注于线下演出的单立人都无法跟笑果抗衡，遑论那些连线下演出都没怎么看过的节目制作公司了。国内第二家愿意签脱口秀演员的节目制作公司是米未传媒，他们虽然在这两年相继签下了小鹿、刘旸、土豆等几位优秀的脱口秀演员，但这几个人如果不是在演讲辩论和编剧表演方面展露了不一样的才华，是不太可能进入这家优秀的节目制作公司的。米未迄今为止都没做过线下脱口秀演出，甚至在相当成功的节目《一年一度喜剧大赛》里，当家人马东也说过"我们什么喜剧形式都接受，当然，除了脱口秀、相声和二人转"这样的话。

最后，笑果文化还做到了很多经纪公司都能做到的一点，把在自家节目里成功的演员成功地派到了别的节目里。除了几乎霸屏所有综艺的李诞，庞博、杨笠、呼兰、徐志胜等人也都出现在无数的综艺里，手握他们经纪合约的笑果自然可以笑着享受丰硕的成果。

在我看来，笑果文化是一个非常独特的个例，虽然很多后来者都有参考他们走过的路，但至今还没见到类似的公司出现。2023 年，这家公司也曾面临严峻的挑战，目前看来，它已经度过了最艰难的时期。也许在不远的将来，我们能迎来更多在喜剧领域深耕的企业，那将是观众和从业者都乐于见到的一天。

人物

石老板和单立人喜剧

2023 年夏天，我做了两期播客，盘点了国内那些已经做了十年脱口秀且至今仍在继续的人。在盘点到北京的俱乐部和演员的时候，我非常笃定地提到大家喜爱的单立人喜剧，不管他们出过多少大牌的演员，目前超过十年的一个都没有。

播客上线后，有人在评论区里提出了异议，说单立人的创始人石老板在 2012 年就开始讲脱口秀了，已经超过十年。这跟我的记忆不符，于是我去考证了一下，还跟几个老家伙聊了聊往事，发现还真的是自己记错了。

石老板在 2014 年的时候来过一次深圳，还到逗伴脱口秀的开放麦上讲了一段。那天我不在，听其他演员说，石老板讲得不错，但他其实是玩即兴的，表演的方式跟我们不太一样。我跟石老板的第一次见面是在2015年，我去北京参加首届中国脱口秀艺术节，在那之前我们只在微信群里交流过。石老板没有参加这次艺术节的表演，但积极地参与了表演后的聚餐，所以在我那时候的印象里他是北脱的"边缘演员"，这可能是导致我后来记忆出错的原因——如果从2012年就开始讲脱口秀的话，没理由到了2015年还是边缘人啊。

从北京回来后，我们已经在跟恒顿传媒磋商签约的问题了，商演也在350个座位的南山文体中心剧院里有规律地举办，那会儿让人感觉逗伴在商业上的高度已经远超北脱了。这时，《第一财经周刊》刊登了一篇文章，标题让人很心酸：《那些逗你大笑的人，可能连明天的房租都付不起》。文章里提到了很多北京的脱口秀演员，其中说到了一个细节：石老板在某次演出后收到了一个用信封装着的演出费，记者掂量了一下，估计里面只有两三百块。我被这个细节触动了，刚好那个月我们的演出需要请外援，于是就决定请石老板来。那时候，我们请北京的演员来深圳演出的费用只有1 500元，并且把演出费和住宿费都包含在内了，但这在当时仍然是一个很不错的条件，毕竟只有逗伴脱口秀会请外地的演员来参与外出交流演出，在当年这是非常少有的机会。上海的笑道文化的商演做得比我们好，但他们只请本地演员，外地演员过去也只能拿跟本地演员一样几百块的演出费。

石老板那次的演出效果非常好，结束后我们一起聚餐，我特意找了一个信封，把 1 500 元现金装进去给他。石老板马上明白我看了那篇文章，他把信封接过来，做了一个非常夸张的打脸的动作，对着天空说："《第一财经》你看到了没！看到了没！"这个举动把整桌人逗得哈哈大笑。

到了 9 月，逗伴的第一批成员已经签约了笑果文化，公司交给我一个任务，继续物色更多优秀的演员和编剧加入。年底的时候我去了一趟北京，约石老板见面，想劝他也加入笑果。那天我们一起去了方家胡同的热力猫俱乐部酒吧讲开放麦，结束后坐在酒吧外面聊了两个小时。啤酒喝了不少，石老板的娃娃脸在夜色中也显得很红。逗伴脱口秀集体签约笑果文化在当时是相当震撼的一件事，石老板对此也心潮澎湃。告别的时候，我觉得他已经完全心动了，看他骑上自行车离去的背影，我甚至觉得他是急着回去收拾行李，准备明天就搬到上海跟我们一起奋斗了。

但石老板第二天反悔了，因为他看到了我发过去的经纪合同，表示大为震撼。留过学，在金融公司工作的他完全不能接受这等"霸王条款"，也不明白我们为什么要接受这样的合同。我当时只能苦笑，这份合同还是专门为逗伴脱口秀的签约修改过的，是把条件大大改善后的版本。事实证明，石老板的眼光非常准确。几年后，部分演员在成名后纷纷与笑果发生解约纠纷，争议的原因正是合同里石老板不能接受的那些条款。

石老板拒绝了笑果，但笑果一直没有停止对他的"追求"。2016年，笑果在制作"旧版"《吐槽大会》，第二期的主咖是导演叫兽易小星，程璐和梁海源去北京采访了他，把石老板也一起叫上了，希望他看到这种工作方式后能再次考虑加入。但石老板依然没有心动，最后只是以投稿的方式参与了这个节目。在《脱口秀大会第二季》成功之前，北京和上海的演员形成了一种心照不宣的默契，似乎追求"正宗"单口喜剧的就应该留在北京，想要上节目淘金的人才去上海发展。但我明白包括石老板在内的北京演员对来上海发展不积极的原因：是那时候他们没有看到那里有真正好的机会。对于我们这些远在深圳、广州的演员来说，笑果当年给我们抛出的"霸王条款"已经是我们能接到的最好的橄榄枝了，如果想在文艺创作上有所发展，留在南方根本不是一个值得考虑的选择。但北京不一样，那里是文艺创作的沃土，虽然上海的脱口秀商业化程度远超北京，但北京才是一个真正能出作品的地方，而且商业机会同样很多。

其实，上海出现过一些让石老板心动的机会。从2016年开始，笑果文化让很多签约演员以常驻卡司的身份登上了《今晚80后脱口秀》的舞台，这种出镜的机会对脱口秀演员可谓巨大的诱惑。在2017年笑果彻底退出这个节目后，接手的东方卫视导演组继续采用原有的节目形式，让我帮忙找其他演员来参加节目。我马上找了石老板，当时单立人喜剧已经成立，他们迅速派出演员来填补了这一空缺。第一期的通知非常紧急，我当天下午找的石老板，他们晚上就坐高铁到了上海。在这个节目的最后几期，石老板、周奇墨、小鹿、令狐冲、还珠弟弟等单立人演员都出现在了表演卡司的位置上。导演组对石老板和周奇墨很是欣赏，后来让他们再一次来到上海拍了些样片，还认真地考虑过让周奇墨接替已退出的王自健担任主持人。几经周折，东方卫视最后没能让节目得以继续，石老板他们也安心地留在北京创业。北京的线下观众得以在后来的几年里，不断欣赏单立人一场又一场精彩的演出。

对脱口秀演员来说，更大的诱惑是《脱口秀大会第二季》的成功，北京的演员开始向往上海。当然，这种诱惑对石老板来说其实是一种焦虑，因为他要考虑的已经不是自己是否要上节目了，而是如何面对单立人演员的不断流失。2022 年《人物》杂志的特稿《笑果"吞不掉"单立人》详细记录了单立人那几年的发展轨迹，把石老板的这种焦虑描写得淋漓尽致。

单立人喜剧成立后，我跟石老板的接触越来越少，因为木更喜剧也是在那一年成立的。我们都很忙，石老板在北京忙着办演出，我在上海忙着搞各种节目，我们都有一个共同的目标——对标笑果。当然，后来的故事大家也都知道了，单立人有了光明的未来，而木更喜剧则从 2019 年开始，在上海演员的记忆里消失了。

单立人喜剧的发展历程波澜壮阔，石老板在这一过程中也逐渐淡出了舞台，专注于为公司掌舵。如果你有幸看到他偶尔"技痒"重回单口喜剧的舞台，这样的机会非常难得，请一定不要错过。

人物

Storm徐风暴和喜剧联盒国

我从 2020 年开始跟 Storm 的喜剧联盒国在深圳合办演出，总共合作了两年的时间，被人问得最多的一个问题是：你怎么还没有跟 Storm 撕破脸？

别误会，问这句话的人只是纯好奇。实际上，Storm 自从开始运营喜剧联盒国这一厂牌后，在行业内好像没有跟任何人撕破过脸。而我，从进入这个行业开始，不管是当演员还是当老板，几乎每隔一段时间就要跟人吵架翻脸，微信黑名单里躺了一长串名字。他们"看好"我跟 Storm 会翻脸的原因，一是我的臭脾气，二是他的抠门。

让大家失望的是，这两年我跟 Storm 没有撕破过脸。我跟他认识快十年，我们吵过最厉害的一次架居然是因为有一次我对他的开放麦报名规则不满，在烧烤店里吵到提前离桌而已。

实际上，Storm 是我在这一行里最佩服的人，因为他能做到的很多事情我都做不到。通常来说，一个人不管脾气多么差，都很难跟自己佩服的人翻脸。所以，好事者们看到这里应该能得到答案了。

Storm 是一位地道的上海人，出生在上海杨浦区。在讲脱口秀的早期，他喜欢自称"杨浦一哥"。他在澳洲留过学，回到上海后，一开始只讲英文脱口秀，后来加入了笑道文化，逐渐开始练习中文脱口秀。

我跟 Storm 第一次接触时他就放了我鸽子。当时是2014 年年底，逗伴脱口秀第一次来上海演出，演出前我们想找个地方讲开放麦，就去找了笑道文化。那段时间，Storm 在帮笑道文化组织开放麦的活动，但上海参加中文开放麦的人并不多，Storm 一看我们这些人都是老手了，来的人也多，就把我们安排去功夫喜剧然后撒手不管了——严格来说，Storm 只是给了我们一个地址，让我们自己去找当时在进贤路 Masse 酒吧的功夫喜剧，而他自己当天根本就没出现！那天的开放麦，从观众到演员再到主持人，全是我们这帮初到上海的人自己找来的……

直到两年后去了上海工作，我跟 Storm 才第一次见面。初见也没什么特别的故事发生，所以记忆很模糊。那时候的

Storm 已经离开了笑道，在功夫喜剧负责中文开放麦和演出的工作，我们之间的交流与日常一起工作的同事无异，下台时交接，上台后互相调侃。Storm 几乎每次开放麦都担任主持，他的主持水平虽然不错，但也常有在台上怼观众的场面出现。

整个 2016 年，是我在笑果文化工作最忙的一年，但我仍然有空就照看着逗伴脱口秀，介绍了不少演员去深圳演出。有一天，Storm 忽然找到我，说他从没去过深圳表演，问我能不能安排一下。我看了一下档期，那场演出其实已经安排了北京的石老板，但我对于勤奋主动的人一向很有好感，于是说服了当时在深圳负责逗伴演出工作的皮球，把 Storm 安排进了演员阵容。那场演出因为有这两位外地来的演员而导致成本超了预算，所以给 Storm 的费用刚好只够他来回的差旅，但他还是很开心地接受了。然而没想到的是，那场演出成了 Storm 的梦魇——因为去外地演出的经验少，他把自己在上海的演出内容照搬到了深圳，结果遭遇了极大的冷场。与之形成对比的是，最后出场的石老板的演出效果极佳，可以说挽救了整场演出。这种极端的对比让皮球对 Storm 的评价极低，两人的关系也由此恶化。

我不知道这场演出对 Storm 造成的影响具体有多大，但我能感觉到他的中文脱口秀在那之后一天比一天好。到了2017年，我和Storm一起去北京参加了爱奇艺的《CSM中国职业脱口秀大赛》，他获得了亚军（冠军是周奇墨，三弟获得了季军）。同去参赛的皮球则没有进入最后的八强决赛。

Storm后来在好几期播客里都讲到了2016年深圳的这场演出，一开始他还不敢直接点出皮球的名字。到了2022年，他在自己《上上》的专场里把这个故事编成了段子，终于把皮球的名字说了出来，并且上传到了网上——脱口秀演员之间的"仇怨"适合在舞台上解决。这一点，我至今都没能做到。

Storm在2017年与功夫喜剧分家，创立了"喜剧联盒国"这一厂牌，开始了以爱好为事业，把生活的全部都交给脱口秀的日子。我总跟人说Storm是我在这一行最佩服的人，听者都觉得我在说客套话，实际上这是我发自肺腑的感受。我为什么对他如此佩服呢？大家能够从下面几件事中找到答案。

举办商业演出

喜剧联盒国的商业演出是从2017年开始的，从每周两场做到了现在的每周超过20场，六年间从未中断，甚至在2022年上海最安静的那几个月，在深圳还有持续的演出。

举办喜剧比赛

喜剧联盒国举办的"王炸全国脱口秀大赛"已经进行到了第三届，成为全国有名的行业赛事。

自建剧场

喜剧联盒国在 2019 年开始摸索自建剧场的做法，到目前为止，他们在上海、杭州和深圳（已撤出）都有过剧场，并且仍在不断摸索建设新的场地。

做播客，出版图书

这两件事我也都做到了，但也是受了 Storm 的启发。Storm 在 2017 年开始做播客《伐要去管它》，一个人对着手机聊着自己的想法，我那时候对播客完全不了解，一开始像看笑话一样偶尔听听，然后发现他居然坚持了一年多。所以，当喜马拉雅来找我做播客的时候，我是抱着"Storm 能坚持这么久，难道播客真的这么好玩？"的疑问开始尝试的。到今天，我们都还在不断更新各自的播客。

Storm 在疫情期间出了一本书《我把人生当喜剧》。虽然在那之前我已经翻译出版过三本书，但一直还没有计划自己写一本。而且，他出书的速度惊到了我，从写书到上市只用了几个月。随后，上海某出版公司一位叫 Alise 的编辑找到了我，说 Storm 出书了，问我有没有兴趣也写一本。虽然我一开始打算写的那本被出版公司拒绝了，但两年后我开始写《说的全是梗》的时候，还是找到了 Alise，最后图书顺利出版了。我还找 Storm 为我写了封底的推荐语。

持续举办新专场

这是我最佩服 Storm 的一点。佩服他不是因为他在三年间已经有 4 个专场放到了网上，而是他在当一个俱乐部老板的同时，还能持续地进行脱口秀创作，这需要超越常人的精力与自律。前面说的几点，也有其他人做到，甚至有做得更好的，但身兼勤奋的老板和进取的创作者两职这件事，放眼全国，目前只有 Storm 一位。

2023 年夏天，我突然对拍摄纪录片产生了兴趣。我帮演员老超拍摄制作了他的专场《东篱把酒》，并将其放到了网上。Storm 看完后给我打电话，问我有没有兴趣拍摄他的新专场《徐侠客》，并且说他愿意为此支付费用（也不像传说中的那么抠门嘛）。我知道自己并没有达到能为此收费的水平，答应为他免费拍摄。考虑到他从 2022 年开始，专场演出的场地基本都选择 500 人以上的大剧场，这样一个让我练手的机会很是难得。我帮他录制了在南京和深圳两场《徐侠客》的演出，南京场的效果更好，但收音设备出了问题。深圳场的设备基本没问题，Storm 对画面和收音也很满意，但他对自己的演出状态不满意，看完粗剪的版本后，他决定暂缓这个专场的上线计划。后来他又进行了多次巡演，才终于把在合肥的演出录了下来，放到了线上。

喜剧俱乐部

木更喜剧

"木更喜剧"并不是中国知名的喜剧厂牌，我把它放在这里说，纯粹是出于自己的私心。

2017年6月，我刚离开笑果文化不久，正以自由编剧的身份在长沙为《火星情报局第三季》担任脱口秀总编剧。某天，我突然接到了一个神秘的电话，对方约我去上海进行一次面谈。

打电话的是我在《今夜百乐门》工作期间认识的一位导演，在合作的过程中，他对我的创作和沟通能力颇为赏识，正好他有一位圈外的朋友希望投资内容创作公司。在他的撮合下，我来到上海，见到了一位气宇不凡的投资人。当时，《吐槽大会第一季》刚刚圆满结束，上一年大获成功的《今夜百乐门》正在筹备第二季，《欢乐喜剧人》《笑傲江湖》

等喜剧节目还没露出明显颓势。各大电视台和网络平台都在探索新的喜剧综艺形式，出品的喜剧节目有《恶毒梁欢秀》《CSM中国职业脱口秀大赛》《喜剧总动员》《跨界喜剧王》《脑大洞开》《冒犯家族》《火星情报局》《好笑头条君》《Kelly秀》《晚安朋友圈》……恒顿传媒也在那时展现了他们在喜剧领域的最大动作，制作了一档综合美食与喜剧的节目《食在囧途》。现在回看，2016年到2017年，竟然是中国节目制作公司向喜剧领域全军出击的一年！在这样的背景下，我和投资人短时间内面谈了两次。双方都很满意，对未来充满了希望。然后，我们成立了一家叫"木更文化"的喜剧公司，注册了"木更喜剧"的商标。

木更在2017年8月成立，同一年成立的还有单立人喜剧、喜剧联盒国和硬核喜剧。后面三家公司和笑果文化构成了后来中国脱口秀线下演出的四强，同年成功融资的喜剧公司还包括前一年成立的北脱文化（北京脱口秀俱乐部）。2017年，我们这几家公司的目标愿景应该都秘而不宣地写上了"对标笑果"这四个字。

我把木更的办公地址设在当时上海静安区南京西路的裸心社，正好处在笑果文化和恒顿传媒的中间位置上——这两家公司里都有我的好朋友，他们为了减轻压力，甚至会在上班时间偷溜到我这里写稿，享受免费无限续杯的咖啡和啤酒。

然而，木更喜剧的管理层并没有笑果那样的铁三角——另外几家公司也没有。严格来说，木更喜剧并没有管理层，只有管理人，那就是我自己。我在跟投资人商谈时，明确了我的角色是内容总监，公司成立后的第一件事就是要招聘总经理。几个月后，我除了继续担任内容总监，还兼任了总经理和制作人……

木更接下的第一个编剧大项目是东方卫视的《今夜现场秀》，也就是《今夜百乐门》的第二季，节目改名字的原因有两个：主持人换了，不再是金星和欧弟，而是马丽和张绍刚；东方卫视高层"大换血"，新领导不喜欢"百乐门"这一略带旧社会气息的名字。《今夜现场秀》是一个彻头彻尾失败的项目，没有口碑，没有反响，连水花都没有——失败了，也没有人总结真正失败的原因。从这个节目里唯二走出来的两位潜力明星是后来参加了《一年一度喜剧大赛》的史策，还有在《独行月球》中有出色表现的辣目洋子。

在《今夜现场秀》之后，木更接了一些小的编剧项目，也努力做了一些样片，甚至以我们的办公室裸心社为背景创作了一部至今还没卖出去的情景喜剧剧本《联合办公室》。

然而，这些努力的影响力都比不上一个无心插柳的小项目《说的全是梗》。

2018 年年初，投资人找我开会，对于公司的业务状况表达了一定的担忧，并要求我做一些能持续输出的低成本项目。几经商量，我决定做一档以时事新闻热点为创作素材的项目，取名为《说的全是梗》。

节目的形式很简单：组织一场看起来普通的开放麦，全程录下来。这个开放麦不普通的地方在于，我会提前约一些演员，鼓励他们根据最新的时事热点创作新段子，拿到这个开放麦上来表演，然后把其中效果好的片段剪辑下来，集合成一段五六分钟的视频，放到线上。段子只要被剪辑进视频里，就会以 500 元一条的价格跟演员结算。这种模式特别适合一些编剧型的脱口秀演员，因为根据热点写段子对他们来说太简单了，跟他们的日常工作没什么区别。演员小猪在这个节目里简直如鱼得水，每期至少能中三条段子。节目上线几期后，他雄心勃勃地说："今年我要在《说的全是梗》里赚它个 20 万！"

《说的全是梗》从一开始就受到了爱奇艺的关注，他们很快跟我们签订了一整季的合同，其中几期我们甚至拿到了一个广告赞助。然而好景不长，木更的人力资源和运营成本过大，入不敷出，很快走到了资金短缺的阶段。投资人见势不妙，原来承诺的实缴资金在缴完 60% 后也停止了。一旦没有资金，节目说停就停，员工说走就走。《说的全是梗》的最后两期，甚至只能把之前没用上的边角料素材都剪进去，才算是对爱奇艺有一个最后的交代。

我又一次感受到了创业的残酷，十年前我曾经创业开过一家咖啡店，到结业的时候，钱花完了就完了，大家好聚好散。这次创业，由于请来的编剧和员工太多，为了结清遣散费，我用自己的名义向银行贷了十几万，才不至于落下一个"黑心老板"的名声。

还好，《说的全是梗》有一个略带光明的结局，音频平台喜马拉雅看中了这里面的优质内容，希望把视频转成音频版放到他们的平台上。我觉得这种视频直接转换出来的音频不够自然，就把每一集的稿子重新编辑，改成适合音频播读的形式，请了长沙的脱口秀演员伟大爷帮忙播读和制作。虽然那时候伟大爷才刚开始讲脱口秀，但他是播音主持出身的专业主持人，在湖南的电台里工作好几年了，他自己的音频节目全网收听量也已过亿，读这种内容可以说是小菜一碟。《说的全是梗》的前十期音频都是伟大爷播读的，给观众留下了深刻的印象。直到今天，还时不时有听众留言，"前面几期说话的是谁啊？好棒啊"。十期过后，我去找喜马谈条件，希望他们能出钱采购节目，但喜马拉雅给出的条件跟爱奇艺一样，只给推广资源，不给"真金白银"。我不好意思再"白嫖"伟大爷，对他表示衷心的感谢，就把节目停了。喜马拉雅催我继续更新，我告诉他们，没办法继续让伟大爷义务播读了，没想到他们给了一个我从没想过的方案——由我自己来播读。

说实话，我对自己的广式普通话是极度不自信的。线下表演及视频上的演出还能有动作、表情或字幕的加持，到了纯听声音的播客环境，一定会让听众听得很难受。但喜马拉雅表示这完全不是问题，因为他们平台上有很多这种口音不佳的主播，最后还获得了成功。在他们的鼓励下，我尝试着录了几期，没想到反响还不错，伟大爷那十期攒下的几千粉丝不但没有流失，新的粉丝数量还一直在上涨。年底，我还获得了喜马拉雅"2018年十大潜力新声"的荣誉。我的信心因此而大增，开始认真地做播客，普通话也越说越好，这才有了持续到现在每周更新的《说的全是梗》，它已跻身喜马拉雅的"百大播客"之列。

2018年年底，清理完公司在上海的所有财务问题后，我一个人回到了深圳，毕竟家在这里。我在上海工作的那两年，用老婆的话说，算是给我"放了一个单身假"。假期结束了，女儿要上小学了，作业辅导的大战一触即发，必须夫妻同场作战。还好，大部分的编剧项目都是在启动之前才需要碰面开会，之后只要按时交稿就行，我远在深圳也可以把工作做好。

从那时开始，我成了一名真正的自由职业者。木更喜剧还在运营，还在不停地接编剧活儿，而我的内心有了一种真正自由的感觉。

整个 2019 年的前九个月，我几乎都没有上舞台讲过脱口秀，而是用木更的名义做了好几个短视频样片，想把自己推成"网红"，然而都失败了。那年 10 月，我去成都参加了过载喜剧俱乐部举办的"接励城市喜剧节"，重新燃起了上台表演的热情。在郑州、北京、沈阳和厦门演了几次专场后，我的信心又回来了，决定下一年在全国好好巡演自己的专场。然而，疫情来了……

2020 年 7 月，疫情形势缓解。上海的喜剧联盒国打算进军深圳市场，主理人 Storm 找到我，想一起合办演出。在那之前，很多人劝我重拾逗伴脱口秀的牌子重新做演出，然而我只想一个人好好演，不想再做俱乐部了。Storm 劝了我很久，我抱着试一试的心情，用木更文化的名义跟他签了协议，在深圳以喜剧联盒国的名义一起办了演出。没想到这一试就试了两年，在这两年的时间里，深圳诞生了超过两位数的新俱乐部厂牌，演员数量几乎翻了一番，整个城市的脱口秀演出市场都被盘活了。不管你信不信，虽然两年多的时间我都没有再亮出木更喜剧的厂牌名字，但这座城市脱口秀繁荣的背后，有木更这个无名英雄默默的奉献。

图书

影响中国脱口秀的几本书

在中国脱口秀发展的十几年间，喜剧爱好者们除了在舞台上实践，还在积极寻求喜剧方法论的支持。我在本书开篇的"中国脱口秀简史"里列出了很多具有影响力的喜剧著作，以下是我认为相当有影响力的，也与我有些许关联的几本书。

《黄瓜的黄，西瓜的西》（2011 年）

对国内脱口秀爱好者影响最早的一本书可能是黄西2011 年出版的自传《黄瓜的黄，西瓜的西》。这本书虽然没有从技术角度论述脱口秀的创作方法，但里面详细地讲述了黄西在美国如何开始脱口秀生涯，如何通过不断地参加开放麦取得进步，如何迎着旁人不理解的目光坚持表演，甚至在获得知名度后如何继续在喜剧的道路上前进。这些对于初学者来说都有着第一手资料的意义。

书里有几个对我产生过深刻影响的故事。

黄西拥有超强的记忆力。他出国考 GRE 前几乎把整本牛津词典都背了下来，这种超强的记忆力为他带来了两个明显的好处。

一个是让他能很容易地融入当地人的谈话。虽然他的英语发音还带着点儿东北口音，但因为词汇量丰富，他能充分理解别人的意思，做到沟通无阻。这为他交上朋友，搜集创作素材带来了巨大的助力。更重要的是，他在脱口秀表演里的用词更贴近英语观众的习惯，从而让自己更容易为当地观众所理解。学过外语的人都知道，初学者用外语说话一般都只能使用简单的词汇，比如我们听一个老外初学者说中文，就算他每一个字的发音都很标准，但他用的都是最简单的词。就好像你跟一个小学五年级的学生的沟通是无碍的，但你知道他说的是简单的语法和词汇，你对小学生的回应也需要字斟句酌。而黄西很好地克服了词汇这一关，他的段子的用词非常本地化，不是"简单英语"，这也是他在美国脱口秀界这么激烈的竞争环境中脱颖而出的重要原因。

记忆力好的第二个好处是在表演的时候不容易忘词。黄西的脱口秀是最考验记忆力的 one-liner（一句话笑话）风格，段子与段子之间通常没有任何关联。整场表演下来，除了死记硬背，没有多少逻辑线或故事线可以辅助记忆。如果记忆力不好，表演将会遇到很大的问题。

黄西坚持随时创作。 书里记录了有一次黄西半夜突然很想创作，但怕影响家人睡觉，于是他冒雪出门，找到一家咖啡馆，静下心来写了一个多小时。我在自己写的书《说的全是梗》里也说过，脱口秀演员要随时随地记录灵感，记录突来的想法，灵感段子是"老天的恩赐"，一定要及时记下。不管是洗澡洗到一半，还是半夜突然惊醒，也要拿出工具记录下来。关于灵感为什么突然而来我不知道，但是不及时记下的话它肯定会迅速消失，这也是我个人的惨痛经历。我记着脑海里曾冒出一个非常好的段子，就是因为没有及时记录，后面再也想不起来了。这个段子是这样的……看，想不起来了吧！

黄西会抓住一切演出的机会。 书里有两个很有名的小故事。一个是黄西不断打电话给所在俱乐部的老板询问是否有演出机会，惹得老板不胜其烦，怒问他"你是闹钟吗？"另一个是他为了获得登台的机会，需要帮酒吧在门口拉客，拉够两个顾客才有机会表演。除了这两个小故事，还有一个特别打动我的：黄西在参与《大卫·莱特曼晚间秀》的准备期，为了一场很小型的演出冒着大雪开车三个多小时去其他城市，在半夜回来的路上差点儿出事故……这些故事，当时看的时候觉得离自己很遥远；十年后，与它们类似的故事都在中国脱口秀演员身上真实地发生了。

《手把手教你玩脱口秀》（2015 年繁体中文版）

程璐、梁海源和我在 2010 年到 2012 年间先后开始练习脱口秀，当时我们所在的俱乐部有时会举办一些"脱口秀研习会"，来来回回介绍了一些最基本的脱口秀入门知识。其中一次请了一位练习脱口秀时间比我们长的香港演员过来分享经验，讲的也是一些笼统的大道理，比如"要像饿狼对待食物一样对待一个题材，把它的血肉吃完，骨头也要啃得干干净净"。他在会上让大家反复练习"Peter Piper picked a peck of pickled peppers"（"彼得·派珀挑选了一大堆腌甜椒"）这个著名的英文绕口令。我们当时都深信，练好这句英文对我们用中文表演脱口秀会很有帮助……

后来我才知道，程璐和也 So 几个人早在 2012 年年底就开始组织小范围的脱口秀研习小组了，地点一般是在程璐家里。2013 年也 So 把我拉进小组的时候，他们已经把朱迪·卡特（Judy Carter）的《喜剧的艺术》（*The Comedy Bible*）研习完了。我加入时，他们在学习格雷格·迪安的《手把手教你玩脱口秀》的第二章。

我第一次参加研习时完全不知道该干些什么，只好跟着他们做。大家先看一段英文原版，然后程璐和也 So 解释一遍，我们每个人再说说各自的理解，最后根据书里的步骤做一些创作练习，这就是当时的流程。当时我们学的是电子书，清晰度很低，我要和梁海源合看一个 iPad。天气炎热，程璐家不舍得开空调，我看着不是每个单词都懂的英文原版，闻着梁海源身上传来的若有若无的体香，根本静不下心来研习。我第一次真正的脱口秀研习就和人生中很多其他的第一次一样，草草收场了。

除了研习理论，研习小组还会集体碰面创作新段子。当时我对这两件事都不太热衷，第一次研习的体验让我感觉很不好，因为它太过于形式主义，而我是一个对形式主义深恶痛绝的人。在那次研习中，我们也尝试了集体创作段子，结果谁也没有创作出什么东西。那次以后，他们还研习了几次，也专门碰头进行过集体创作，但我都找各种借口躲开了。

程璐当时的工作是英语口译，他把《手把手教你玩脱口秀》这本书的术语表翻译了一部分，放到微博上，没想到很多人转发。我们很惊讶，原来有这么多人喜欢脱口秀，于是萌发了翻译和出版这本书的念头。后来才发现，转发程璐这条微博的人，大部分是他在口语翻译界的朋友。

2013年10月，我翻译的育儿书《好女儿全靠爸爸教》出版了，合作翻译的一本短篇小说集也以电子书的形式开始在豆瓣阅读上发售，我俨然成了一个译者。程璐向我打听翻译出版的程序，他已经通过邮件与朱迪·卡特取得了联系，对方同意他翻译《喜剧的艺术》这本书，但他需要自己找出版社。我去问了几个出版社，他们都觉得这种书太小众，不愿意接手。我建议程璐自己筹钱翻译出版这本书，他说感觉这样太落魄了，不但没有翻译费，还要自掏腰包出版，这又不是自己写的书，不值得。

当时逗伴脱口秀俱乐部刚刚成立，为了扩大影响，决定给大家免费培训这两本书的内容，先从《手把手教你玩脱口秀》开始。当时也So去了北京做喜剧选秀节目《我为喜剧狂》的编剧，程璐、梁海源和我三人分摊了翻译、做课件和当讲师的任务，开始每两周一次用中文给大家讲解这本书的内容。也是从那时候起，我才开始认真研读这本书，把一些关键段落翻译成中文。根据作者的方法，我们真的创作出了不错的段子，大家顿时产生了一种相见恨晚的感觉。随着翻译的深入，这本书的理论切实解决了我们在创作中遇到的很多问题。

幸运的是，我们在第一节培训课的时候就遇到了 Chuck 陈先生，他在香港有自己的出版公司，听说了我们出书遭拒的事情，他当场表示可以在香港出版这本书。在他的帮助下，我们取得了格雷格·迪安的授权，在 2014 年 5 月着手翻译。

格雷格·迪安的版权要收取一笔版权费，这事还有个小插曲。那时，当我们开始计划引进出版的时候，有个刚练习脱口秀不久的演员很感兴趣，主动提出资助一万元，我们答应在序言里写上他的名字以示感谢。但当我们真的开始翻译时，这人却突然消失了——为了去挣这笔钱，他也蛮拼的。幸亏俱乐部的资深成员谢国君先生（老超）慷慨仗义地垫上了这笔费用。借此机会，我们对谢国君先生表示衷心感谢。

我们用了很长的时间翻译这本书。2014 年下半年正是逗伴脱口秀蓬勃发展的阶段，我们每个月都要去不同的地方演出，只能用碎片的时间来翻译。三名译者每人负责四至五章的翻译，每译完一章便开始交叉校译，然后每章自己再校对一遍，全书翻译完以后再校对两遍才发给出版社。书中有些无法直译成中文的俚语和笑话，我们也在邮件里和格雷格·迪安先生反复确认，找到合适的翻译方案后才敢放到译文里去。

这本书在国外的脱口秀界地位很高，美国著名女喜剧演员乌比·戈德堡（Whoopi Goldberg）曾受惠于此书，脱口秀演员安东尼·杰塞尔尼克（Anthony Jeselnik）也承认，他是看了这本书以后才真正地走上了职业脱口秀演员之路的。这也是国内第一本针对脱口秀笑话创作和舞台表演的指导书，我们衷心希望这本书出版以后，能在脱口秀爱好者和从业者，以及所有希望自己变得更风趣幽默的人当中引发深入的讨论，从而推动脱口秀这门艺术在中国的发展，从而……让我们有机会回去打那些出版社编辑们的脸。

由于我们三人不全是专职的翻译人员，书中不免存在错漏之处，恳请广大读者谅解。但也请大家相信，如果本书交给专业译者来翻译，他们的错漏一定会更多。

繁体中文版《手把手教你玩脱口秀》

一个小秘密：封面照片的表演者是程璐，这是他2014年在福田文化馆小剧场
表演时，摄影师从幕后抓拍的照片；摄影师是洛宾的朋友铁花儿（胡宁）

《手把手教你玩脱口秀》（2018 年简体中文版）

2011 年左右，我们三位译者（程璐、冯立文、梁海源）
开始了自己的脱口秀之旅。当时，与脱口秀相关的学习资料
特别少，中文资料几乎没有，大家练习脱口秀基本处于自我
摸索阶段。2014 年，我们在取得了作者格雷格·迪安的授
权后开始翻译《手把手教你玩脱口秀》，因为我们发现这本
书非常适合脱口秀的初学者，当时我们没有任何翻译费用，

只是很想能有更多的爱好者加入进来，一起来做脱口秀。2015年，《手把手教你玩脱口秀》通过香港的出版社出版，首批印刷了1 000本。由于是港版书，我们没法通过内地的发行渠道销售，只能在逗伴脱口秀的微店上售卖。这是这本书一直以来唯一的销售渠道，也是我们在服务上特别怠慢的原因。如果你曾因为售后问题在微店的后台上跟我们留言吵过架，我们可以在这里郑重承诺：那是我们其中某位脾气火爆的译者亲自打的字。记得当时还有人留言投诉：为什么收到的书上有译者的签名？退款！

可以说，这本纸质书的问世经历了相当大的波折。更大的波折是出版后不到一个月，就有人扫描了全书在微信群和QQ群里分享。整整过了两年时间，因为一个偶然的机会，我们才找到了始作俑者。他真诚地给我们道了歉，并尽其所能地拦截了扫描本的网络传播渠道。然而不到半年，又有人把全书重新扫描了一版，在脱口秀爱好者的群里分享……

为了防止这种侵权的事情再次发生，我想了一个办法，并在微博上呼吁手上有这本书的人来跟我一起做这件事。

我手上目前只剩最后一本《手把手教你玩脱口秀》，是我自己用来勘误的，我愿意把这本当作公用图书，借给每一位想看的人，具体做法是这样：

◆想借这本书的人，在我的微博下面留言，我会选取一位留言者，把这本书寄给他。

◆借到这本书的人，有两周的时间进行阅读。你可以对这本书做任何事情，影印、扫描、复印、做读书笔记……但是必须爱护它，尽可能地不要损坏它。同时，绝对不要用影印或复印的方式来分享这本书。不管是有偿的还是无偿的，我们都不允许这种行为。

◆两周之后，不管你读没读完它，你都要把这本书借给下一个人，同时在微博上 @ 搞笑大叔洛宾，告诉我这本书目前借给了谁。下一位借到这本书的人同样有两周的时间阅读，然后再借给下一个人，同时发微博 @ 我。

◆借书的人自行负责邮费。也就是说，上一个读完这本书的人，用邮费到付的方式把书寄给下一个借阅者即可。

手上有《手把手教你玩脱口秀》的人们用上面的方法，把这本书借给了尽可能多的人去阅读。他们的行为是在推动脱口秀这门艺术在中国的进步，这也是我们每一个爱好者、从业者都愿意看到的局面。

这两次事件让我们明白，大家非常渴望学习脱口秀，但只要这本书还是难以买到，这种类型的侵权行为就不会终止。我们开始重新寻求在内地出版这本书的途径。非常感谢笑果文化和张绍刚老师的帮助，这本书得以在内地正式出版。2018年简体中文版也尽最大的可能改掉了2015年繁体中文版中的各种排版、校对和翻译错误。

从2015年到2018年三年的时间里，国内脱口秀的环境发生了很大的变化，我们当中也有人从当初的业余爱好者变成了全职的喜剧编剧或脱口秀演员，在国内大热的一些喜剧节目，如《吐槽大会》《今夜百乐门》《脱口秀大会》里担任首席编剧，甚至成了明星。我们用事实证明了《手把手教你玩脱口秀》的作用，所以，如果你也想进入喜剧行业，也可以像我们这样，学好英语，然后翻译一本喜剧著作……

《手把手教你玩脱口秀》是一本专业的脱口秀入门书籍，可以说是手把手、一步步地教大家如何从脱口秀新手成长为一名脱口秀演员。最重要的是，读者一定要听从作者的建议，尽快地走上舞台去练习脱口秀。衷心希望能在脱口秀的道路上遇到看过这本书的你，让我们并肩前行！

《喜剧的艺术》（2018 年）

《手把手教你玩脱口秀》在内地的出版给予了我很大的成就感。这本书由笑果文化牵头出版，营销推广工作也通过他们来进行。由于当时我已经离开笑果文化，很多推广活动里并没有我的身影，经常是程璐和梁海源带着几个跟这本书毫无关系的笑果演员一起出席活动，这让我心里很不是滋味。于是，我萌生了自己单独再翻译一本书的想法——最好的选择无疑是 *The Comedy Bible* 这本演员们公认的好书。我设法联系作者朱迪·卡特，而在这个过程中却得知了一个晴天霹雳般的消息——这本书的简体中文翻译版权已经授权给了一位中国的脱口秀演员，他的名字叫宋启瑜。

宋启瑜是中国脱口秀界的一位传奇人物，他在北京脱口秀俱乐部成立之初就活跃在舞台上，后来专注于经营各种各样的演出。听说他要翻译这本书，大家都很震惊，因为从来没有人听说过宋启瑜的英语水平如何，有人因此在全国演员群里展开好几轮激烈的讨论。后来宋启瑜自己出来解释了，他只是翻译工作的组织者，真正的译者是邹澍、小马（马凯泽）和张烁等几位脱口秀演员，这几个人的英语水平都不错，而且书还没出版，请大家不要这么早就盖棺定论。

　　The Comedy Bible 的中文版于 2018 年年底正式在国内出版，中文书名并不是大家公认的"喜剧圣经"，而是《喜剧的艺术》，宋启瑜的名字位列译者的首位。平心而论，《喜剧的艺术》的翻译水平不算差，但这一让图书气质弱了很多的书名，使图书本身的知名度直线下降。2021 年，我想再买一本《喜剧的艺术》，发现它已经绝版了，任何渠道都买不到。为此，我跟宋启瑜在微信上聊了几句，他也感慨这本书的销量不好。我萌生了一个想法，建议他不如找笑果文化重新包装出版这本书。没想到，他对这个建议非常感兴趣，当即介绍我认识了出版公司的负责人。通过这位负责人我才知道，这本书的中译本授权对象并不是宋启瑜，而是这家出版公司，而且版权期限长达十年。在获知出版公司有意出售版权后，我把他们介绍给了笑果文化，希望双方能达成重新翻译和重新出版的愿望。其实我这么积极地牵线搭桥是存了一个私心的——我希望笑果买下版权后，可以请我来重新翻译这本书。可惜我的如意算盘落空了，笑果最后找了自己的演员来翻译，并且把朱迪·卡特 2020 年新出版的《脱口秀演员的 48 项训练》（*The New Comedy Bible*）的中文版权也一并购买，翻译出版了。

　　虽然两本 Comedy Bible 的中译本都跟我没有关系，

但为了让读者看到合适的中译本，我也算是付出了一份努力吧。

《说的全是梗：你也可以讲脱口秀》（2022 年）

2015 年，我和程璐、梁海源一起翻译的《手把手教你玩脱口秀》第一次出版。作为国内第一本教授脱口秀的中文书，这本书在当时的脱口秀演员当中掀起了一股小热潮。不少人在介绍我们的时候都会说："是他们写了《手把手教你玩脱口秀》这本书。"但我们每次都会连忙解释："不是我们写的，只是翻译，只是翻译！"对方为了化解尴尬，就会说："没事，你们以后也写一本！"

写书的念头从此就植入到了我的脑海里。

2022 年年初，杭州的脱口秀演员笑笑找到我，说他在帮腾讯视频找一些优秀的视频培训课程，他觉得由我来做面向新人的脱口秀培训非常适合。他的一句话打动了我："洛宾老师，我觉得你的课程相当可以！"

当我花了三个月时间把几万字的课程写完后，我才知道，笑笑的公司就叫"相当可以"。

课程上线以后，图书的出版也变成了一件顺理成章的事。这本《说的全是梗》是在我的同名视频课程的基础上编写而成，共21章（比课程多6章），分为4个部分，适合所有对喜剧行业感兴趣的读者，每一部分所面向的读者细分如下：

第一部分，适合知道脱口秀是什么，但完全没踏上过脱口秀舞台的人，能让他们做好充分的准备；

第二部分，适合已经讲了一段时间脱口秀，准备踏上商演舞台的演员，能让他们更快地适应激烈的商演竞争环境；

第三部分，适合已经有丰富的商演经验，准备或刚刚成为全职脱口秀演员的人，可以让他们的职业生涯豁然开朗；

第四部分，适合把脱口秀当作终身事业，进行商业化运营的人。

不管你是脱口秀新人，还是仅仅对中国脱口秀行业感兴趣的路人，《说的全是梗》这本书，都是你了解中国脱口秀的最佳行业指南。

2023
降速

行业

2023年的"行业大事件"

我在2021年3月的时候写下了这么一段话，可以一窥当时从业者的心境：

> 此刻，中国脱口秀的一切看起来都非常美好——全国各地俱乐部的演出办得如火如荼，每周有超过200场的商演，周奇墨《不理解万岁》专场的全国千人剧场巡演刚刚开票，一票难求；刚播出的《吐槽大会第五季》，有范志毅参与的那期被称为中国喜剧综艺的"封神"之作，圈内圈外都在谈论，官媒也加入讨论，甚至节目中嘉宾盯着提词器的现场照片，也引起全民热议……中国脱口秀在风口上热闹又平稳地飞翔着。

2021 年，脱口秀线下演出的数量达到了有史以来的最高峰，喜剧厂牌和演员数量在疫情期间不减反增。截至 2022 年年底疫情结束前，全国的厂牌数量已经超过了 200 家，全职脱口秀演员（指以脱口秀表演和相关工作为主要收入的人）已经超过 1 500 人。

2022 年 5 月，虽然脱口秀在全国最大的演出市场上海暂停了，但很多演员转移到了周边地区，如杭州，造就了杭州脱口秀市场的空前繁荣，那里被演员们戏称为"中国脱口秀中心"。2022 年下半年，《脱口秀大会第五季》强势回归，虽然豆瓣评分跌到了历史最低，但对从业者而言，这无疑是一针强心剂。尽管演出数量远未恢复到 2021 年的水平，但出于一种心照不宣的乐观的预期，各地厂牌以及新入局者都在兴建新的场地，带来了一种颇为奇特的现象：脱口秀演出并不多，但新场地在不断地涌现，新厂牌在不断地增加。

这些新入局者跟美国电影《阿凡达：水之道》（Avatar:The Way of Water）一样，赌对了国内疫情结束的时间。很多新场地的开业时间都是 2022 年年底到 2023 年年初，民众的生活逐渐回到正轨，出来看演出的人确实多了很多，但竞争也激烈了很多。除了同业者的竞争，音乐会、音乐节以及电影市场的复苏给脱口秀带来的冲击可能是更大且无形的。

　　春节期间，笑果文化派出十几位艺人到北美巡演，这个计划原本是 2020 年就要执行的，没想到被疫情耽误了三年，可以说三年里吊足了北美华人的胃口。所以，尽管笑果演出的票价定得较高（个别场次达到 168 到 268 美元）——比很多美国一线脱口秀大咖的还要高，与顶流音乐剧《汉密尔顿》（*Hamilton*）持平——但依然场场爆满，一票难求。由于难得能看到华语的现场娱乐节目，虽然北美华人观众抱怨票价高昂，但对演出质量却没什么怨言，赞誉的声音占据主流。

　　然而，"五一"黄金周刚过，各家盘点起假期的脱口秀票房，只有极个别厂牌达到了预期，这不禁给很多从业者的心里蒙上了一层阴影。5 月中旬，笑果文化的演出受到了有关部门的调查。北京市文化市场综合执法总队发布公告称："经查实，该公司及其演员李昊石肆意篡改演出申报内容，在 5 月 13 日下午、晚上连续两场'笑果脱口秀'演出中出现严重侮辱人民军队的情节，造成恶劣社会影响。"并对笑果文化处以行政处罚：警告、没收违法所得 1 325 381.6 元、罚款 13 353 816 元。

　　这次事件给中国脱口秀行业带来了不可忽视的影响。就单个事件的影响力而言，它可能仅次于 2017 年推出的网综节目《吐槽大会》。同为笑果文化出品，《吐槽大会》的出现大大推动了线下脱口秀演出市场的繁荣，而这次事件导致短短一个月时间内全国的演出数量锐减。粗略统计，全国范围内超过两位数的演出场地在事件出现后陆续倒闭。

这个事件也给从业者敲响了警钟——有一段时间，"脱口秀是冒犯的艺术"这句话成了演员和观众经常挂在嘴边的口头禅。2023年5月后，越来越多的从业者开始旗帜鲜明地反对这句话——脱口秀是语言喜剧的艺术，"冒犯"只是其中一种创作手段。除了冒犯，脱口秀常用的创作手段还有讽刺、类比、混合、谐音、双关、互动、即兴、装傻、模仿……如果一个人时刻强调"脱口秀是冒犯的艺术"，通常只能说明两个问题：要么他只擅长"冒犯"这种单一的创作手段，要么他发现这样说对他有好处，比如可以获得巨大的流量。虽然说艺术创作需要拓宽边界，但演员们心里必须时刻有一根弦：不是什么话题都适合用"冒犯"这种手段来表现，有些话题甚至根本不适合通过喜剧形式来传播。

纵观中国脱口秀这十几年的发展，从来都不是一帆风顺的。前面七八年缓慢步行，2017年刚上快车道又遭遇寒冬；2019年快速发展，2021年达到顶峰；2022年被疫情打乱；2023年5月发生"行业大事件"。事件过去后，脱口秀的热度是否还能恢复到 2021 年的光景，甚至再进一步？我觉得是可以的，但需要时间，更需要大家重新学习在没有大热综艺节目带动票房的环境下生存——这其实才是符合脱口秀发展规律的环境。回看走过百年的英美脱口秀发展之路，他们的高速发展阶段虽然也得益于电视脱口秀节目的繁荣，但真正的行业基石依然是数量庞大且延绵不绝的线下演出，诚如单口喜剧演员杨若宇（Davy Louis）所说，"从几个人的开放麦到百人、千人、万人专场，是单口喜剧演员唯一的英雄之路。"

在我看来，如果不出现更多的意外事件，预计再过半年到一年的时间，脱口秀行业能重新走上一条健康发展的道路。生活永远不会一帆风顺，也许脱口秀在中国的发展依然需要更多磨炼，但人们对于快乐的需求是永远不会消失的。希望各位同仁继续努力，我们用作品说话。

中国脱口秀，期待下一个十年。

后记

　　我从 2014 年开始在豆瓣阅读撰写《中国脱口秀演义》专栏，中间一度断更了很长时间，撑到现在（2023 年）马上十年了。我已经不想再把此事当作一件任务，不如就此搁笔吧。

　　我在豆瓣阅读上的连载相当于本书的初稿，诚如海明威所言，"一切文章的初稿都是狗屎（The first draft of anything is shit.）"。如今，这份"狗屎"已经被我精心加工过，亲尝可以"食用"了。本书的内容比豆瓣阅读的连载多出八成左右，并且更成体系。虽然如此，书中所述脱口秀在中国的发展依然是管窥蠡测，其中精彩的人物和故事如沧海遗珠——毕竟个人的能力和见识有限，我只能说自己已尽了全力。祝阅读愉快。

2021 年，我与深圳广电合作，组织策划了"大湾区首届脱口秀大赛"，并担任评委和热场嘉宾。赛后，我用邮件回答了深圳卫视记者提出的一些问题。希望通过这些回答能让大家更多地了解我。

深圳卫视：您在从事脱口秀事业之前是从事什么行业的？当时的职业发展状况如何？

洛宾：在从事脱口秀之前，我从事过 6 个行业。因为我是学市场营销的，毕业之后的 12 年间都是从事跟营销有关的工作，主要在外企工作，从事过的行业包括集邮、产品认证、家具五金、手机制造等。进行过两次创业，一次是开咖啡馆，一次是做 LED 灯外贸。除了两次创业都失败了，在各个行业的工作都做得不错，很快就做到自己所在领域的顶

尖职位，也许正是因为这个原因，让我很容易觉得工作失去
了挑战（深圳卫视：啊，让你装到了！）。于是经常两三年
就跳槽换行业。

深圳卫视：是什么促使您从事脱口秀事业的？

洛宾：我在 2001 年第一次接触脱口秀，但并不知道那
就是 Stand-up Comedy，那时候甚至还没听说过"脱口秀"
这个说法。当时的室友买了一张黄子华栋笃笑的 DVD，身
为广东人，我不需要任何字幕就能完全听明白黄子华。我在
旁边看了几分钟，觉得挺有趣，但没有产生任何想参与的
想法。

距我第一次知道黄子华就这么过去了十年。2011 年年
底，我在逛豆瓣网的时候，发现深圳有一个叫"外卖脱口秀"
的俱乐部，他们每周举办一种叫"开放麦"的脱口秀练习活
动。我想那应该就是普通话版的栋笃笑，抱着看一看的心情
参加了一次。我看了当时的表演就觉得"怎么讲得这么烂
也敢登台？让我上去镇一镇他们"。我的第一次登台是在
2011 年年底，5 分钟的时间里，没有人笑。作为一个好胜心
很强的人，我当然不会这么容易服输。第二周我又上场了，
还是没有人笑。第三次，还是同样的结果。接下来是第四次，
第五次……直到第七次表演，才算是听到了非礼节性的真

正的笑声。支撑我一直坚持玩下去的是自己强烈的好胜心，就是想让大家看看我能做得好。

深圳卫视：哪个瞬间让您决定全职从事脱口秀事业了？

洛宾：我想不起来是哪个瞬间让自己决定全职从事脱口秀的了，因为好像一开始的时候我就是处于失业状态的，那算不算从第一天开始就全职了？因为我刚开始玩脱口秀时正在创业做 LED 外贸，没多久就彻底失败了。我当时在犹豫要不要重新回去找工作，然后发现老婆怀孕了，心想，"老婆怀孕期间不会被炒，不用担心两个人都没有收入，那就先不找工作吧"。于是就一直处于自由职业状态，有了更多的时间去练习脱口秀。那时候我正在给东方卫视的《今晚80后脱口秀》等节目写稿，每个月收到的稿费也够自己吃饭、喝咖啡和给车子加油了，就一直没有感觉到什么压力。

其实在刚开始的两三年里，我时不时地都会问自己，究竟是不是真的喜欢脱口秀，还是只是因为好胜心，想向别人证明自己做得到。后来，我发现自己每天大部分的时间都是在琢磨跟脱口秀有关的事情，甚至从每天睡醒睁开眼就一直在想——这难道还不算"真的喜欢"吗？好吧，算！那我就坦然承认自己愿意一直从事这个行业了。

深圳卫视：全职从事脱口秀以后经历过艰难时刻吗？有动摇或后悔的时候吗？

洛宾：所有艰难的时刻都来自一种情况——演出效果不如人意的时候。一场好的演出能让自己忘掉所有的不快，觉得像站上了人生巅峰；但一场效果不好的演出又会让你的心情跌入谷底，而这种跌宕起伏是不会停止的，它总是让你悲喜交加。我也想过如果自己不做脱口秀，回去重新工作会是什么状态，甚至在全职几年后还悄悄地去领英网上更新了工作状态。但从没试过真的回去找一份传统的工作，我是彻底没法适应每天打卡上下班的生活了。

从 2012 年开始，要回忆我人生中的任何大事，我都会先以那段时间正在做哪一种跟脱口秀相关的事情为时间轴，再慢慢跟我的其他人生轨迹挂钩，从而让记忆之门得以打开。比如，当我想到我女儿是 2013 年 6 月 11 日出生的，我就会想到，她出生前的一天晚上，6 月 10 日，是我们给程璐和思文举办结婚吐槽会的日子。再过两个月，就是我们一起创办逗伴脱口秀俱乐部的日子。再比如，2021 年是我和太太结婚十五周年，那也是我和喜剧联盒国在深圳合办演出的第二年。

深圳卫视：太太支持您从事脱口秀事业吗？

洛宾：太太非常支持我。在我刚开始的时候，她还帮我挡了不少来自岳父岳母的质疑。因为长辈们搞不懂我在做什么，一时半会儿也很难跟他们解释清楚什么是脱口秀。每次被他们问起时，我们都要支吾半天。她为了终止长辈们的质问，还试过在亲人群里发飙："你们不要再问了，他挣不挣钱没关系，我养他！"还好我不在那个群里，不然就尴尬死了……

后来我想到了一个非常棒的说法，就是说自己在创业，做文化公司。老人家们就停止质疑了。我问了跟我一起全职做脱口秀的几个小伙伴，才发现大家都用过这个方法应对家人。

深圳卫视：您觉得和从事脱口秀事业之前比，您的职业发展更为成功吗？

洛宾：算是更成功吧。毕竟挣的钱比以前多了，还有了一点小名气，都能让深圳卫视来采访我了，这还不算成功吗？哈哈……

深圳卫视：如果从头来过，您还会做出目前的职业发展选择吗？

洛宾：会的，而且会选择更早就开始。我比周立波还早了 5 年接触到黄子华的栋笃笑，但他比我厉害，他是靠着字幕才看懂黄子华的栋笃笑的，然后还能想到"这个我也能做啊"，于是就有了"海派清口"，也有了后来的一切。

现在我已经是一名职业脱口秀演员，在这个行业内也算是取得了一点微不足道的成绩。每当有人问起我有没有什么后悔的事，我都会说，唯一的后悔，就是在我第一次看到黄子华的时候，没有产生像周立波那样的想法。如果能从头来过，我希望自己能比周立波更早地发现脱口秀是一项很有前途的职业，也希望有他那样的"钱途"，但不要有他那样的"前途"。

深圳卫视： 李诞说，每个人都可以做 5 分钟的脱口秀演员，你怎么看待这个观点？

洛宾： 不认同。通过练习，每个人都能讲 5 分钟高质量的脱口秀，但能讲 5 分钟脱口秀，并不代表你就能当脱口秀演员。就好像我们很多人都能唱好一两首歌，但也没人敢因此而自称歌手，道理是一样的。脱口秀演员虽然没有什么行业认证的标准，人人都可以自称，但至少是有一个"潜标准"的，那就是有没有脱口秀俱乐部请你去商演（不是偶尔玩票演一次，而是经常去演）。如果都没有人愿意请你去商演，你的 5 分钟再厉害，你再自称如何，知名度再高，大家其实都不会认为你是一名真正的脱口秀演员。

深圳卫视： 从 2013 年开始做开放麦到现在，你怎么看待脱口秀？

洛宾： 脱口秀现在比当年好太多了！2013年，整个深圳一两个月才有一场商演，卖出去的票不到100张。现在，深圳每周至少有30场商演，上海一个区每周就有200场商演，虽然各地演出的质量良莠不齐，但演出频率已经赶上美英某些脱口秀老牌城市的了。

深圳卫视： 程璐跳槽去笑果到现在发展成总编剧，作为曾经的老板怎么看待他的发展，是支持并羡慕吗？会不会感叹当时没有一起走……

洛宾： 我原来也不是程璐的老板。逗伴脱口秀是我和程璐、梁海源三个作为联合创始人一起创立的。2015年我和他们一起签约了笑果文化，当时是我主导了大家的签约谈判过程，到了笑果以后我还担任了整个公司的编剧统筹，我也是《吐槽大会第一季》的编剧统筹。但2017年我就辞职出来创业了，我是笑果文化第一个主动解约的演员——实际上，牙签（黄骏杰）才是第一个跟笑果解约的脱口秀演员，但他当时是因为身体不适，不得不解约。

看到程璐、海源他们在笑果发展得这么好，我当然很高兴。他们越红，对这个行业的影响就越好。我会羡慕他们现在的知名度与收入，但也仅此而已。我是自己主动离开的，从来没有后悔过。因为我是崇尚自由的人，留在笑果，虽然是做了自己喜欢的工作，但依然是在上班，跟我以前在外企上班的区别不大，依然要听从老板的各种工作安排。而我不是一个喜欢被安排的人，我只想自己安排自己。

我离开笑果文化后，把自己微信签名改成了"唯爱与创作不负我"。我最喜欢的还是创作，要自由地创作，那就必须先自由。只要创作出了真正好的作品，其他的一切都会水到渠成。